T0066025

THE EVERYTHING® JUMBO BOOK OF LARGE-PRINT WORD SEARCHES

160 easy-to-challenging puzzles in large print

Charles Timmerman
Founder of Funster.com

Adams Media
New York London Toronto Sydney New Delhi

adamsmedia
Adams Media
An Imprint of Simon & Schuster, Inc.
100 Technology Center Drive
Stoughton, MA 02072

Copyright © 2018 by Simon & Schuster, Inc.

All rights reserved, including the right to reproduce this book or portions thereof in any form whatsoever. For information address Adams Media Subsidiary Rights Department, 1230 Avenue of the Americas, New York, NY 10020.

An Everything® Series Book.
Everything® and everything.com® are registered trademarks of Simon & Schuster, Inc.

First Adams Media trade paperback edition November 2018

ADAMS MEDIA and colophon are trademarks of Simon & Schuster.

For information about special discounts for bulk purchases, please contact Simon & Schuster Special Sales at 1-866-506-1949 or business@simonandschuster.com.

The Simon & Schuster Speakers Bureau can bring authors to your live event. For more information or to book an event contact the Simon & Schuster Speakers Bureau at 1-866-248-3049 or visit our website at www.simonspeakers.com.

Interior design by Heather McKiel

Manufactured in the United States of America

12

ISBN 978-1-5072-0917-2

Many of the designations used by manufacturers and sellers to distinguish their products are claimed as trademarks. Where those designations appear in this book and Simon & Schuster, Inc., was aware of a trademark claim, the designations have been printed with initial capital letters.

Contains material adapted from the following titles published by Adams Media, an Imprint of Simon & Schuster, Inc.: *The Everything® Large-Print Word Search Book, Volume II* by Charles Timmerman, copyright © 2011, ISBN 978-1-4405-1025-0 and *The Everything® Large-Print Word Search Book, Volume III* by Charles Timmerman, copyright © 2011, ISBN 978-1-4405-2737-1.

Contents

Puzzles / 5

Answers / 327

Puzzles

ALLIUM

ARRANGEMENT

COLORS

COLUMBINE

DAFFODIL

DAISY

EDELWEISS

GARDENIA

GOLDENROD

JESSAMINE

MIMOSA

NARCISSUS

NECTAR

PASQUEFLOWER

PEONIES

PLANT

POINSETTIA

POLLINATION

POLYANTHUS

PRIMROSE

RHODODENDRON

SEEDS

SEGO LILY

SUNFLOWER

SWEET WILLIAM

WILDFLOWERS

ZINNIA

Blooming

H R S S U H T N A Y L O P S
M A E R E W O L F N U S D E
F T N E M E G N A R R A O I
E C I W U C Q P E X E S R N
Z E M O I O E L F N W H N O
I N A L L L D A X E O A E E
N S S F L U E N E D L I D P
N U S D A M L T O A F T L R
I S E L R B W D S F E T O I
A S J I Q I E A E F U E G M
S I W W L N I I G O Q S S R
O C R L D E S S O D S N R O
M R I R O A S Y L I A I O S
I A O S D E E S I L P O L E
M N O I T A N I L L O P O R
A I N E D R A G Y C A L C I

Solution on Page 328

ANTEATER

BADGER

BULLFROG

CHIMPANZEE

CHIPMUNK

COBRA

COCKATOO

COUGAR

CRANE

CROCODILE

GILA MONSTER

GORILLA

HAWK

KANGAROO

MARMOSET

MOLE

MONGOOSE

OPOSSUM

ORANGUTAN

OSTRICH

OTTER

RHINOCEROS

ROOSTER

SLOTH

SQUIRREL

STINGRAY

SWAN

TORTOISE

VULTURE

WARTHOG

WILDEBEEST

WOLVERINE

WOODCHUCK

YAK

Wildlife

R	O	O	S	T	E	R	E	G	D	A	B	M	E
D	S	Y	E	W	K	A	N	G	A	R	O	O	S
E	T	A	L	M	A	E	S	O	O	G	N	O	M
N	R	R	O	R	A	N	G	U	T	A	N	T	Y
A	I	G	M	M	A	R	M	O	S	E	T	A	S
R	C	N	V	U	L	T	U	R	E	R	K	K	G
C	H	I	M	P	A	N	Z	E	E	H	C	C	O
R	E	T	A	E	T	N	A	T	B	I	U	O	R
O	X	S	L	O	T	H	S	T	E	N	H	C	I
C	O	U	G	A	R	N	H	O	D	O	C	O	L
O	T	O	R	T	O	I	S	E	L	C	D	P	L
D	K	N	U	M	P	I	H	C	I	E	O	O	A
I	H	W	A	R	T	H	O	G	W	R	O	S	R
L	E	L	E	N	I	R	E	V	L	O	W	S	B
E	I	V	L	E	R	R	I	U	Q	S	K	U	O
G	O	R	F	L	L	U	B	K	W	A	H	M	C

Solution on Page 328

AGED
ANIMAL
BARN
BUCKET
BUTTERMILK
CALCIUM
CASEIN
CATTLE
CHEESE
CHURN
COWS
CURDS
FACTORY
FARMERS
FOOD
GOATS
GRASS
HARVESTING
HEALTHY
HEIFER
ICE CREAM
INDUSTRY
LACTOSE
LOW FAT
MANURE
MILKING
PASTURE
POWDER
PROCESSING
PRODUCTS
SKIMMED
UDDER
WHEY
WHOLE
YOGURT

Dairy

P	P	K	W	Y	V	U	E	U	V	F	H	X	R
W	O	P	M	X	O	I	F	D	D	O	O	F	E
H	W	M	I	L	K	I	N	G	E	C	C	O	D
O	D	H	E	A	L	T	H	Y	H	G	Q	C	D
L	E	I	G	N	I	T	S	E	V	R	A	H	U
E	R	U	N	A	M	A	E	R	C	E	C	I	C
F	A	R	M	E	R	S	C	Y	E	H	W	P	H
G	N	I	S	S	E	C	O	R	P	G	R	A	S
C	L	V	F	R	T	X	A	T	C	O	W	S	W
A	S	A	A	E	T	M	L	S	D	H	A	T	B
T	T	A	M	F	U	N	A	U	E	R	U	U	A
T	A	N	V	I	B	M	C	D	G	I	C	R	R
L	O	F	C	E	N	T	T	N	N	K	N	E	N
E	G	L	W	H	S	A	O	I	E	L	S	B	L
F	A	C	T	O	R	Y	S	T	R	U	G	O	Y
C	U	R	D	S	L	D	E	M	M	I	K	S	E

Solution on Page 328

ANGER
ANXIETY
AWE
BORED
CONTENT
DESIRE
DESPAIR
DISGUST
ELATION
EMPATHY
ENVY
FEAR
FEELING
FRIGHT
GLAD
GLEE
GRIEF
GUILT
HATRED
HOPE
HORROR
HURT
JOY
LONGING
LOVE
LUST
NERVOUS
OPTIMISM
PANIC
PITY
PLEASURE
PRIDE
RAGE
RELIEF
SADNESS
SHAME
SORROW
SYMPATHY
TRUST
ZEST

Emotional

C	R	G	B	A	H	A	T	R	E	D	F	S	S
A	W	E	L	T	I	X	Q	R	O	T	O	W	X
B	T	P	L	E	F	W	I	D	E	R	O	B	L
H	S	I	D	I	E	S	B	Y	R	U	R	U	J
G	U	T	E	A	E	E	V	O	L	S	S	O	S
G	L	Y	V	D	L	F	W	J	Y	T	U	S	H
F	Z	D	P	U	I	G	Y	H	J	W	O	S	A
N	M	I	A	T	N	E	T	N	O	C	V	E	M
O	E	S	N	V	G	A	E	X	N	F	R	N	E
I	T	G	I	P	P	R	I	A	P	S	E	D	G
T	H	U	C	M	P	F	X	R	E	G	N	A	A
A	G	S	E	E	I	J	N	Y	E	G	X	S	R
L	I	T	K	Y	H	T	A	P	M	Y	S	Y	H
E	R	U	S	A	E	L	P	R	I	D	E	V	F
J	F	E	I	R	G	V	L	O	N	G	I	N	G
P	A	C	Z	E	S	T	R	U	H	O	P	E	H

Solution on Page 328

APPRENTICE
ARTISAN
BARBER
BLACKSMITH
BUILDER
BUSINESS
BUTCHER
CARPENTER
CHEF
COBBLER
CONTRACTOR
CRAFT
GUILD
IRONWORKER
JOURNEYMAN
KNOWLEDGE
LABORER
LOCKSMITH
MACHINIST
MANUAL
MECHANIC
PAINTER
PLUMBER
PROFESSION
ROOFER
SKILLED
STONEMASON
TOOLS
TRAINING
WATCHMAKER

Tradesman

C	L	O	C	K	S	M	I	T	H	C	H	E	F
O	H	X	A	P	P	R	E	N	T	I	C	E	C
B	T	O	O	L	S	S	E	N	I	S	U	B	A
B	B	I	E	W	A	T	C	H	M	A	K	E	R
L	S	R	E	T	N	I	A	P	S	R	A	G	P
E	T	I	R	O	N	W	O	R	K	E	R	D	E
R	O	T	C	A	R	T	N	O	C	D	T	E	N
E	N	S	I	D	K	F	A	F	A	L	I	L	T
B	E	I	N	L	D	A	M	E	L	I	S	W	E
M	M	N	A	I	V	R	Y	S	B	U	A	O	R
U	A	I	H	U	O	C	E	S	L	B	N	N	E
L	S	H	C	G	N	I	N	I	A	R	T	K	H
P	O	C	E	S	R	E	R	O	B	A	L	H	C
A	N	A	M	E	L	A	U	N	A	M	A	F	T
Y	G	M	Z	M	R	O	O	F	E	R	K	C	U
D	E	L	L	I	K	S	J	R	E	B	R	A	B

Solution on Page 329

BRAWL

BRONCO

BUNK

CHUCK WAGON

COW TOWN

DEADWOOD

DESPERADO

DODGE CITY

DUSTY

GRIZZLY ADAMS

GUNSMOKE

HITCHING POST

JERKY

KANSAS CITY

LASSO

LIVERY STABLE

LONE RANGER

LONGHORNS

MAVERICK

OPEN RANGE

PASTURE

PONDEROSA

RAWHIDE

REINS

RIFLEMAN

ROAM

SETTLEMENTS

SIX SHOOTER

WILD WILD WEST

Westerns

O	A	S	O	R	E	D	N	O	P	L	S	W	Y
P	G	U	N	S	M	O	K	E	W	S	I	E	K
E	T	R	I	F	L	E	M	A	N	L	D	Z	R
N	S	M	I	M	A	O	R	I	D	I	S	R	E
R	O	D	A	Z	N	B	E	W	H	V	P	E	J
A	P	G	E	V	Z	R	I	W	T	E	S	T	S
N	G	C	A	A	E	L	A	X	Y	R	E	O	N
G	N	K	O	W	D	R	Y	T	E	Y	T	O	R
E	I	O	D	W	K	W	I	A	X	S	T	H	O
R	H	S	E	U	T	C	O	C	D	T	L	S	H
U	C	S	R	P	S	O	U	O	K	A	E	X	G
T	T	A	E	A	C	T	W	H	D	B	M	I	N
S	I	L	S	N	X	E	Y	N	C	L	E	S	O
A	H	N	O	R	E	G	N	A	R	E	N	O	L
P	A	R	V	D	O	D	G	E	C	I	T	Y	P
K	B	U	N	K	O	D	A	R	E	P	S	E	D

Solution on Page 329

ACCORD

ACURA

AUTOMATIC

CAMRY

CHRYSLER

CONVERTIBLE

COROLLA

ESCORT

HONDA

HYBRID

INFINITI

INTEREST RATE

JAGUAR

LAMBORGHINI

LESABRE

LICENSING

MANUAL

NEGOTIATE

PAYMENT

PRE-OWNED

PRIVATE SALE

RAM

REBATE

SAFETY RATING

SALESPERSON

STICKER PRICE

TEST DRIVE

THUNDERBIRD

TRADE IN

USED

WARRANTY

YUKON

Buying a Car

S N E G O T I A T E A R N H
A Y U S E D R O C C A J I T
L T C O N V E R T I B L E E
E N C H R Y S L E R J T D S
S A D E N W O E R P A D A T
P R L T H U N D E R B I R D
E R P A Y M E N T E I R T R
R A I U M R G S D K T B R I
S W K V E B E M P C I Y A V
O O L B A R O A H I N H U E
N S A F E T Y R A T I N G R
D T U T A E E X G S F G A B
E X N T R O C S E H N L J A
H I A A U T O M A T I C O S
Y R M A C O R O L L A N S E
H O N D A G N I S N E C I L

Solution on Page 329

CHAINS

CLOUDS

COLD

CROSS COUNTRY

DORMANT

FIREPLACE

HIBERNATE

HORSE SLED

ICE FISHING

ICE SCULPTURES

ICICLES

IGLOO

NEW YEARS

OVERCOATS

ROCK SALT

SAND

SKIING

SLUSH

SNOW CAVE

SNOW FORTS

SNOW SHOVEL

SNOW SLED

SNOW TIRES

SNOWBALL

SNOWDRIFT

SNOWFLAKES

SNOWMOBILES

THAW

WARM

WINDCHILL

Wintry

W	A	H	T	S	N	O	W	D	R	I	F	T	I
G	N	I	I	K	S	N	O	W	B	A	L	L	O
S	P	B	C	D	S	T	C	W	A	G	S	A	V
E	E	E	L	E	E	N	R	N	B	N	L	S	E
L	C	R	O	L	F	L	O	O	O	K	U	K	R
I	A	N	U	C	I	I	S	W	F	L	S	C	C
B	L	A	D	T	E	H	S	E	S	W	H	O	O
O	P	T	S	C	P	H	C	H	S	L	O	R	A
M	E	E	R	E	O	L	O	D	I	R	E	N	T
W	R	I	A	V	R	T	U	S	N	N	O	D	S
O	I	G	E	H	L	I	N	C	N	I	G	H	E
N	F	L	Y	F	M	D	T	A	S	I	W	G	L
S	G	O	W	E	R	L	R	W	M	E	A	P	C
A	V	O	E	U	A	O	Y	V	O	R	C	H	I
N	U	S	N	O	W	C	A	V	E	N	O	I	C
D	N	S	N	O	W	F	L	A	K	E	S	D	I

Solution on Page 329

ALGERIA
ASCENSION
BENIN
BOTSWANA
BURKINA FASO
BURUNDI
CAMEROON
CAPE VERDE
DJIBOUTI
ERITREA
GABON
IVORY COAST
KALAHARI
KILIMANJARO
KWACHA
MAURITANIA
NAIRA
NAMIBIA
NIGERIA
RWANDA
SAHARA DESERT
SAINT HELENA
SEYCHELLES
SIERRA LEONE
SWAZILAND
TANZANIA
THE GAMBIA
TOGO
ZAMBIA
ZIMBABWE

Africa

A I B I M A N A W S T O B Z
I I N T N O I S N E C S A C
A V N O O R E M A C I A L K
M I O A B G U A E E T F S A
U Z R R Z A O U R K T A A L
V I W E Y N G R T W H N I A
S M A G G C A I I A E I N H
E B N S B L O T R C G K T A
L A D J E N A A E H A R H R
L B A O A M D N S A M U E I
E W N I G E R I A T B B L D
H E R N S E Z A M B I A E N
C A P E V E R D E J A C N U
Y O R A J N A M I L I K A R
E T D J I B O U T I R Y M U
S W A Z I L A N D N I N E B

Solution on Page 330

ALEJANDRO
AMERICAN
ARTIST
AWARDS
CELEBRITY
CLOTHES
CONCERT
DANCING
ECCENTRIC
FASHION
HAIR
ICON
JUST DANCE
MADONNA
MEAT DRESS
MONSTER
MTV
MUSICIAN
OUTRAGEOUS
PAPARAZZI
PERFORMING
PIANO
POKER FACE
POP SINGER
POPULAR
ROCK MUSIC
ROMANCE
SONGWRITER
STAR
STYLE
TELEPHONE
THE FAME
VIDEOS
WOMAN
YOUNG

Lady Gaga

Z	T	S	I	T	R	A	L	U	P	O	P	R	T
N	A	I	C	I	S	U	M	T	V	J	Y	O	E
A	O	U	T	R	A	G	E	O	U	S	O	M	M
M	V	I	D	E	O	S	A	S	A	E	U	A	A
O	P	R	H	A	I	R	T	T	M	H	N	N	F
W	S	E	E	S	A	D	D	Y	E	T	G	C	E
Y	C	O	G	G	A	L	R	L	R	O	N	E	H
T	T	E	N	N	N	F	E	E	I	L	I	C	T
A	R	I	C	G	I	I	S	J	C	C	C	C	E
M	N	E	R	A	W	M	S	T	A	R	N	E	L
O	A	N	C	B	F	R	R	P	N	N	A	N	E
N	W	A	O	N	E	R	I	O	O	O	D	T	P
S	A	P	N	D	O	L	E	T	F	P	C	R	H
T	R	Y	A	N	A	C	E	K	E	R	Q	I	O
E	D	C	I	S	U	M	K	C	O	R	E	C	N
R	S	U	P	I	Z	Z	A	R	A	P	A	P	E

Solution on Page 330

AIRWAVES
ANTENNA
AUDIENCE
BAND
BBC
BROADCAST
CABLE FM
CHANNEL
DIAL
FCC
FREQUENCY
INTERNET
LISTENER
MICROPHONE
MODULATION
MUSIC
NETWORKS
NPR
ON AIR
PROGRAM
PUBLIC
RADIO
RECEIVER
RECEPTION
SATELLITE
SHORTWAVE
SIGNAL
SIMULCAST
SIRIUS
STATIONS
TALK
TOWER
TRANSMIT
TUNER

Radio Broadcasting

I	M	R	T	R	A	N	S	M	I	T	A	L	K
S	R	U	A	S	T	A	T	I	O	N	S	Q	P
H	E	F	S	I	M	U	L	C	A	S	T	N	Q
O	N	S	R	I	N	T	E	R	N	E	T	S	B
R	E	I	L	E	C	A	E	O	T	D	N	A	B
T	T	G	R	A	Q	V	S	P	E	P	A	T	C
W	S	N	R	U	I	U	H	H	N	U	U	E	N
A	I	A	V	E	I	D	E	O	N	R	D	L	E
V	L	L	C	R	F	P	I	N	A	C	I	L	T
E	O	E	I	D	E	T	J	E	C	Q	E	I	W
S	R	S	E	V	A	W	R	I	A	Y	N	T	O
R	O	U	E	L	N	O	I	T	P	E	C	E	R
Q	A	N	U	Z	V	V	R	T	O	W	E	R	K
A	P	D	A	M	F	E	L	B	A	C	C	F	S
R	O	Y	I	I	C	H	A	N	N	E	L	I	C
M	A	R	G	O	R	P	U	B	L	I	C	Z	L

Solution on Page 330

ANHUI

BEIJING

CHANGSHA

CHINA SEA

CHOU DYNASTY

CONFUCIANISM

GANSU

GOBI DESSERT

HAINAN

HAN DYNASTY

HEILONGJIANG

HENAN

HONG KONG

HORSE

HUANG HE RIVER

HUNAN

INNER MONGOLIA

JIANG ZEMIN

LIAONING

MAO TSE TUNG

MINGS

PREMIER

PRESIDENT

SHAANXI

SHANDONG

SHANGHAI

TYPHOONS

XIAN

YELLOW SEA

YUAN

YUNNAN

Chinese

L	N	H	G	N	U	T	E	S	T	O	A	M	Y
I	R	A	O	X	G	N	O	D	N	A	H	S	H
A	G	E	P	N	I	M	E	Z	G	N	A	I	J
O	O	S	V	R	G	A	N	S	U	C	R	N	G
N	B	A	H	I	E	K	N	K	R	H	W	A	N
I	I	N	N	E	R	M	O	N	G	O	L	I	A
N	D	I	A	H	N	E	I	N	D	U	H	C	I
G	E	H	U	N	U	A	H	E	G	D	N	U	J
Q	S	C	Y	O	U	I	N	G	R	Y	A	F	G
Z	S	H	A	N	G	H	A	I	N	N	N	N	N
Y	E	L	L	O	W	S	E	A	O	A	N	O	O
P	R	E	S	I	D	E	N	T	T	S	U	C	L
Q	T	H	A	N	D	Y	N	A	S	T	Y	H	I
M	I	N	G	S	N	O	O	H	P	Y	T	H	E
I	X	N	A	A	H	S	G	N	A	H	C	D	H
H	A	I	N	A	N	B	E	I	J	I	N	G	M

Solution on Page 330

ACCESSORIES
BALANCE
BELL
BRAKES
CHAINS
COMMUTE
CRANK
CROSSBAR
FENDER
FORKS
FUN
GEARSHIFT
HELMETS
INNER TUBE
MIRROR
OIL
RACING
RECREATION
RECUMBENT
RIDING
RIMS
SHIFTERS
SPEEDOMETER
STEERING
SUSPENSION
TAILLIGHT
TANDEM
TIRES
TOUR DE FRANCE
TOURING
TRICYCLE
UNICYCLE
VEHICLE
WATER BOTTLE

Ride a Bike

U	C	E	L	G	E	A	R	S	H	I	F	T	E
N	R	M	B	I	C	R	A	B	S	S	O	R	C
I	A	E	I	U	O	S	W	G	A	U	S	F	N
C	N	S	D	R	T	K	A	C	R	S	U	U	A
Y	K	E	P	N	R	R	T	D	A	T	S	N	L
C	R	T	R	E	E	O	E	C	C	E	P	O	A
L	E	U	I	S	E	F	R	N	I	E	E	I	B
E	C	M	D	T	R	D	B	R	N	R	N	T	V
L	U	M	I	A	I	E	O	S	G	I	S	A	G
C	M	O	N	N	M	S	T	M	H	N	I	E	N
Y	B	C	G	D	S	O	T	F	E	G	O	R	I
C	E	C	B	E	L	L	L	E	I	T	N	C	R
I	N	D	C	M	R	B	E	B	M	H	E	E	U
R	T	C	V	E	H	I	C	L	E	L	S	R	O
T	A	I	L	L	I	G	H	T	I	R	E	S	T
S	E	K	A	R	B	T	W	S	N	I	A	H	C

Solution on Page 331

ABSORPTION

ACCELERATION

ALPHA DECAY

ALPHA PARTICLE

AMMETER

AMPERE

AMPLITUDE

ATOMIC MASS

AXIS

BETA PARTICLE

CATHODE RAY

COLLISION

DIFFRACTION

DRIVING FORCE

ELECTRIC FIELD

INERTIA

ISOTOPE

LASER

MOTION

NEUTRON

NEWTON

OHM

PERIOD

QUANTUM NUMBER

REFLECTION

REFRACTION

SUPERCONDUCTOR

Physical Science

O	R	A	L	P	H	A	D	E	C	A	Y	H	J
R	E	E	C	R	O	F	G	N	I	V	I	R	D
O	F	L	B	C	O	L	L	I	S	I	O	N	I
T	L	C	E	M	E	P	O	T	O	S	I	E	F
C	E	I	T	C	U	L	A	S	E	R	I	U	F
U	C	T	A	A	T	N	E	W	T	O	N	T	R
D	T	R	P	T	B	R	M	R	C	H	E	R	A
N	I	A	A	H	O	S	I	U	A	M	R	O	C
O	O	P	R	O	A	M	O	C	T	T	T	N	T
C	N	A	T	D	N	M	I	R	F	N	I	C	I
R	O	H	I	E	Y	D	M	C	P	I	A	O	O
E	I	P	C	R	I	Y	O	E	M	T	E	U	N
P	T	L	L	A	X	I	S	I	T	A	I	L	Q
U	O	A	E	Y	A	M	P	E	R	E	S	O	D
S	M	N	O	I	T	C	A	R	F	E	R	S	N
E	D	U	T	I	L	P	M	A	B	M	P	S	A

Solution on Page 331

ALLEY

ANDRE AGASSI

BALL BOY

BASELINE

BILL TILDEN

CLIFF DRYSDALE

DECOTURF

DON BUDGE

DOUBLES

DROP SHOT

ITF

JIMMY CONNORS

JOHN MCENROE

KIM CLIJSTERS

LET

MARTINA HINGIS

MICHAEL CHANG

ROD LAVER

ROGER FEDERER

ROLAND-GARROS

SMASH

STEFAN EDBERG

TIEBREAKER

VENUS WILLIAMS

VOLLEY

Tennis

M	T	J	O	H	N	M	C	E	N	R	O	E	I
I	R	N	I	X	D	H	S	A	M	S	R	F	S
C	O	K	E	M	N	R	A	F	T	I	E	C	S
H	L	B	I	D	M	Y	O	Q	F	G	V	M	A
A	A	I	A	M	L	Y	E	P	X	N	A	D	G
E	N	T	F	S	C	I	C	L	S	I	L	E	A
L	D	I	V	F	E	L	T	O	L	H	D	C	E
C	G	E	O	S	D	L	I	L	N	A	O	O	R
H	A	B	L	E	U	R	I	J	L	N	R	T	D
A	R	R	L	L	X	W	Y	N	S	I	O	U	N
N	R	E	E	B	S	S	A	S	E	T	B	R	A
G	O	A	Y	U	R	U	S	V	D	R	E	F	S
O	S	K	N	O	Y	O	B	L	L	A	B	R	Z
V	H	E	G	D	U	B	N	O	D	M	L	L	S
G	V	R	O	G	E	R	F	E	D	E	R	E	R
G	R	E	B	D	E	N	A	F	E	T	S	T	C

Solution on Page 331

AUCTION
BIDDING
BRIDGE
CALL
CARD GAME
CHANCE
CLOCKWISE
CLUBS
COMPASS
CONTRACT
DEALING
DECLARER
DIAMONDS
DOUBLE
DUMMY
DUPLICATE
EAST
FOUR
HANDS
HEARTS
LEVEL
NORTH
PARTNERS
PLAYERS
RUBBER
SCORING
SKILL
SOUTH
SPADES
STRATEGY
SUITS
TABLE
TOURNAMENT
TRICKS
TRUMP SUIT
WEST

Contract Bridge

K	E	L	B	U	O	D	U	M	M	Y	C	V	F
H	T	R	O	N	S	O	U	T	H	A	N	D	S
F	A	T	R	I	C	K	S	C	O	R	I	N	G
L	C	L	O	C	K	W	I	S	E	A	A	U	K
L	I	Y	S	T	I	U	S	P	M	U	R	T	S
A	L	G	G	U	K	R	X	O	A	C	Z	N	B
C	P	I	L	E	E	U	N	H	G	T	P	E	U
N	U	M	K	N	T	D	R	E	D	I	D	M	L
C	D	S	T	S	S	A	E	A	R	O	E	A	C
O	Q	R	A	E	E	W	R	R	A	N	A	N	H
M	A	E	B	G	D	E	A	T	C	T	L	R	A
P	W	Y	L	D	A	S	L	S	S	E	I	U	N
A	N	A	E	I	P	T	C	A	R	T	N	O	C
S	K	L	W	R	S	L	E	V	E	L	G	T	E
S	E	P	K	B	I	D	D	I	N	G	J	M	K
I	Y	M	I	R	E	B	B	U	R	U	O	F	D

Solution on Page 331

ADMIRED
ART
ATTRACTIVE
BEAUTIFUL
BEHOLDER
CHARACTER
CHARISMA
CLASSIC
COLOR
COMPLEXION
CONCEPT
CONTEST
CULTURE
ELEGANCE
FACE
FASHION
FEATURES
GIRL
GLAMOUR
GRACE
HEALTH
HOT
IDEA
INNER
LOOKS
LOVE
MAGAZINES
MEANING
MODELS
NATURE
PERCEPTUAL
PERFECTION
PERSON
PLEASURE
PRETTY
SKIN
SPA
SYMMETRY
WOMEN
YOUTH

Beautiful

S K I N N E R U S A E L P H
F A C E M T D E R I M D A O
K G M Y R E R U T L U C G T
A O L A O U E Y P P C G I P
W M N A T U R E E E O N R E
M A S A M T T C R R M I L C
O A E I E O R H F C P N U N
D F G M R O U A E E L A F O
E A M A L A S R C P E E I C
L Y E O Z H H A T T X M T L
S H C D I I R C I U I E U A
X C E O I G N T O A O V A S
E C N A G E L E N L N O E S
B E H O L D E R S P A L B I
G P R E T T Y T S E T N O C
L O O K S K H P E R S O N Q

Solution on Page 332

ADDRESS

ADHESIVE

AIRMAIL

BOOKLET

COLLECTOR

COST

COUNTRY

DELIVERY

DESIGNS

ENVELOPE

FOREVER

GOVERNMENT

HOBBY

LETTERS

LICK

MAILING

METER

PACKAGE

PAPER

PERFORATED

PHILATELY

PICTURE

POSTCARDS

POSTMARK

PRICE

ROLL

SEND

SHEETS

SMALL

STICK

USPS

Stamp It

A R S K E C I R P M U X F R
P I C T U R E A S E P I I C
O D R O L L C P S T E E H S
S T E M Y K E O N E R B X T
T E A L A L P S G R F G U I
M L S G I I O T I J O N S C
A K E C I V L C S V R I P K
R O K X C Q E A E G A L S C
K O E Y C A V R D U T I M C
O B T V S E N D Y F E A A Q
T S O C I M E S O Z D M L J
A D D R E S S R E T T E L P
H D K N Y L E T A L I H P I
R T T B G V L H O B B Y F Q
M P A P E R D O D X N L V C
U T Y R T N U O C A I V Y A

Solution on Page 332

BEAVERHEAD

BIGHORN

CARSON

CHATTAHOOCHEE

CHEQUAMEGON

COCONINO

COLVILLE

CONECUH

DANIEL BOONE

DESCHUTES

DESOTO

FLATHEAD

GILA

HOMOCHITTO

INYO

KAIBAB

MALHEUR

MONONGAHELA

OCONEE

ROGUE RIVER

SAM HOUSTON

SAN ISABEL

ST FRANCIS

UINTA

WAYNE

WENATCHEE

WHITE MOUNTAIN

WILLAMETTE

WINEMA

National Forests

M	C	E	E	H	C	T	A	N	E	W	C	H	C
V	O	Q	N	W	E	C	X	T	X	H	D	H	K
C	C	N	A	O	A	E	T	K	E	I	A	S	A
A	O	Y	O	R	O	E	N	Q	W	T	E	E	I
M	N	L	S	N	M	B	U	O	T	E	H	T	B
E	I	O	V	A	G	A	L	A	C	M	T	U	A
N	N	M	L	I	M	A	H	E	G	O	A	H	B
I	O	L	A	E	L	O	H	Y	I	U	L	C	E
W	I	T	G	L	O	L	Y	E	J	N	F	S	A
W	M	O	S	C	H	E	E	X	L	T	A	E	V
O	N	S	H	U	C	E	N	O	C	A	Z	D	E
M	Y	E	I	R	O	G	U	E	R	I	V	E	R
O	E	N	B	I	G	H	O	R	N	N	G	S	H
O	T	T	I	H	C	O	M	O	H	E	I	O	E
A	H	P	S	A	N	I	S	A	B	E	L	T	A
O	S	I	C	N	A	R	F	T	S	W	A	O	D

Solution on Page 332

AIR CURRENT

AIRFARE

AIRPLANES

AIRPORT

AIRSPEED

ALTIMETER

BEVERAGES

BUSINESS CLASS

CABIN

CALL BUTTON

CONNECTION

CONVEYOR BELT

DEICING

DEPARTURE

HANGAR

IDENTIFICATION

JET

MAINTENANCE

MECHANICS

METAL DETECTOR

RADAR

RESTAURANT

RUNWAY

SEAT

TAIL

TERMINAL

TURBOPROP

WINDOW

X-RAY MACHINE

Air Travel

R T E R U T R A P E D Y D E
A D E E P S R I A Y A E L C
G S C J I T A R B W R A B N
N I O K D N D C N A N U T A
A T N R E A A U F I S C L N
H U N E N R R R M I X A E E
M R E T T U I R N S R L B T
E B C E I A E E W E A L R N
C O T M F T S N I N Y B O I
H P I I I S A T N A M U Y A
A R O T C E T E D L A T E M
N O N L A R S B O P C T V L
I P A A T A E S W R H O N I
C S D E I C I N G I I N O A
S Z T R O P R I A A N F C T
C A B I N S E G A R E V E B

Solution on Page 332

AGED
ALCOHOL
AROMA
BARREL
BODY
BOTTLE
BOUQUET
BREATHING
BURGUNDY
CABERNET
CASK
CELLAR
CHAMPAGNE
CORKSCREW
DECANTING
DRY
FINISH
FRANCE
FRENCH
FRUIT
GLASS
GRAPES
ITALY
MERLOT
NOSE
OAK
PORT
RESERVE
SANGRIA
SHERRY
SPARKLING
SWEET
TASTING
VARIETAL
VINEYARD
VINTAGE
WHITE
WINERY
YEAR
YIELD

Speaking of Wine

E	E	L	T	T	O	B	X	Y	L	A	T	I	A
S	Y	D	N	U	G	R	U	B	R	G	V	P	M
O	R	V	A	R	I	E	T	A	L	E	I	W	O
N	R	S	M	B	J	A	V	S	F	D	N	H	R
Y	E	P	E	A	J	T	L	R	E	R	T	I	A
V	H	A	R	V	K	H	U	C	E	Y	A	T	W
W	S	R	L	A	I	I	A	E	O	S	G	E	H
E	R	K	O	Y	T	N	N	L	B	H	E	T	C
R	A	L	T	S	T	G	E	O	P	A	O	R	N
C	L	I	G	I	A	R	U	Y	I	J	T	L	E
S	L	N	N	P	R	Q	P	R	A	A	W	C	R
K	E	G	M	A	U	O	G	Y	S	R	N	T	F
R	C	A	B	E	R	N	E	T	E	A	D	E	J
O	H	O	T	T	A	X	I	G	R	A	P	E	S
C	D	G	H	S	I	N	I	F	W	C	R	W	V
Y	I	E	L	D	G	L	A	S	S	C	A	S	K

Solution on Page 333

ALMANAC

ARTICLE

BESTSELLER

BIBLIOPHILE

BOOKSTORES

CHILDRENS

CLASSIFICATION

CLIMAX

DEWEY DECIMAL

EDITION

ENCYCLOPEDIA

ESSAY

FABLES

FONT

GENRES

HYMN

ILLUSTRATOR

IMAGINATIVE

ISBN

MAKE BELIEVE

PARCHMENT

PARENTING

PREFACE

PUBLISHERS

SALE

SCHOLASTIC

SCI-FI

SCRAP

SELF-HELP

TITLE PAGE

Bookworms

C	H	I	L	D	R	E	N	S	E	L	B	A	F
N	P	A	R	C	H	M	E	N	T	N	M	Y	H
T	O	C	N	P	U	B	L	I	S	H	E	R	S
I	V	I	L	L	U	S	T	R	A	T	O	R	E
T	I	T	T	B	E	S	T	S	E	L	L	E	R
L	E	S	C	A	N	A	M	L	A	Q	S	E	O
E	L	A	M	I	C	E	D	Y	E	W	E	D	T
P	I	L	N	E	Y	I	L	U	S	I	R	I	S
A	H	O	C	C	C	E	F	C	F	O	N	T	K
G	P	H	L	A	L	L	R	I	I	K	E	I	O
E	O	C	I	F	O	A	C	M	S	T	G	O	O
S	I	S	M	E	P	S	F	G	V	S	R	N	B
S	L	P	A	R	E	N	T	I	N	G	A	A	O
A	B	C	X	P	D	S	E	L	F	H	E	L	P
Y	I	E	V	E	I	L	E	B	E	K	A	M	C
N	B	S	I	M	A	G	I	N	A	T	I	V	E

Solution on Page 333

ANNULMENT

CONSULTATION

CONTRACTS

CROSS EXAMINE

DEBENTURE

DELIBERATIONS

DEMURRAL

DOCKET

EGRESS

EXONERATION

GAG ORDER

GUARDIANSHIP

HABEAS CORPUS

LITIGATION

MODUS OPERANDI

NATURAL LAW

NEGLIGENCE

NEGOTIATIONS

PARDON

PRO RATA

PROSECUTION

SEARCH WARRANT

TORT

WRONGFUL DEATH

Lawyer Talk

I	G	U	A	R	D	I	A	N	S	H	I	P	S
P	D	N	A	T	U	R	A	L	L	A	W	F	J
N	O	N	H	D	E	B	E	N	T	U	R	E	H
O	S	E	A	R	C	H	W	A	R	R	A	N	T
I	N	C	B	R	N	D	O	C	K	E	T	D	A
T	E	O	E	N	E	E	G	R	E	S	S	E	E
U	G	N	A	O	G	P	C	O	A	D	X	M	D
C	O	S	S	I	I	P	O	S	N	O	R	U	L
E	T	U	C	T	L	R	N	S	N	N	E	R	U
S	I	L	O	A	G	O	T	E	U	O	D	R	F
O	A	T	R	G	E	R	R	X	L	D	R	A	G
R	T	A	P	I	N	A	A	A	M	R	O	L	N
P	I	T	U	T	T	T	C	M	E	A	G	M	O
P	O	I	S	I	R	A	T	I	N	P	A	G	R
L	N	O	O	L	O	E	S	N	T	H	G	Y	W
P	S	N	O	I	T	A	R	E	B	I	L	E	D

Solution on Page 333

ADVENTURE
ANCHOR
ANEMONE
ANIMATION
AQUARIUM
AUSTRALIA
BARRACUDA
CARTOON
CHILDREN
CHUM
COMEDY
CORAL
CRUSH
DARLA
DENTIST
DISNEY
DIVER
DORY
FATHER
FILM
FISH TANK
GILL
JELLYFISH
JOURNEY
LOST
MARLIN
MOVIE
OCEAN
PELICAN
PIXAR
REEF
SCHOOL
SEAGULL
SHARKS
SON
SWIMMING
SYDNEY
TURTLES
WATER
WHALE

Finding Nemo

E	S	O	N	O	O	T	R	A	C	O	R	A	L
I	S	F	E	E	R	X	Q	Y	E	N	D	Y	S
V	K	Y	E	N	R	U	O	J	R	J	S	E	N
O	R	E	H	T	A	F	E	N	O	M	E	N	A
M	A	B	A	R	R	A	C	U	D	A	R	S	C
H	H	G	I	L	L	S	C	C	I	L	U	I	I
Y	S	U	K	R	D	H	U	L	N	O	T	D	L
P	M	U	A	N	I	M	A	T	I	O	N	L	E
T	I	D	R	L	A	R	U	W	L	H	E	L	P
S	Y	X	D	C	T	T	I	K	R	C	V	U	J
I	D	R	A	S	M	U	H	C	A	S	D	G	A
T	E	T	U	R	T	L	E	S	M	F	A	A	N
N	M	A	S	S	W	I	M	M	I	N	G	E	C
E	O	G	M	O	J	E	L	L	Y	F	I	S	H
D	C	W	H	A	L	E	M	X	N	A	E	C	O
F	W	A	T	E	R	Y	R	O	D	I	V	E	R

Solution on Page 333

BATHROOM
BEDROOMS
BUILDING
CABLE
CITY
COMPLEX
CONTRACT
CRAMPED
DWELLING
ELECTRIC
ELEVATOR
ENTRANCE
FLAT
FLOORS
HOME
HOUSING
KEYS
KITCHEN
LANDLORD
LAUNDRY
LEASE
LIVING
LOFT
NEIGHBOR
PARKING
PETS
RENTAL
SECURITY
SHARE
SINGLE
SMALL
SPACE
STAIRS
STORAGE
STUDIO
TENANTS
UTILITIES
WALKUP
WINDOWS

Apartment Living

J	Y	S	P	A	C	E	X	E	L	P	M	O	C
T	H	R	E	E	L	E	V	A	T	O	R	I	A
L	F	O	Q	M	E	G	A	R	O	T	S	D	B
L	H	O	U	C	O	N	T	R	A	C	T	U	L
A	L	L	L	S	Y	H	H	T	C	Y	P	T	E
M	I	F	S	E	I	T	I	L	I	T	U	S	I
S	V	D	W	Q	A	N	I	K	R	I	K	F	C
R	I	E	W	B	I	S	G	C	T	R	L	L	R
I	N	C	K	E	Y	S	E	L	C	U	A	A	A
A	G	N	I	D	L	I	U	B	E	C	W	T	M
T	N	A	T	R	A	L	B	N	L	E	E	N	P
S	I	R	C	O	U	K	I	I	E	S	F	E	E
H	K	T	H	O	N	L	A	N	D	L	O	R	D
A	R	N	E	M	D	N	E	I	G	H	B	O	R
R	A	E	N	S	R	S	T	N	A	N	E	T	K
E	P	E	T	S	Y	W	I	N	D	O	W	S	C

Solution on Page 334

AFRICA
ARABICA
AROMA
ARUSHA
BEANS
BLACK
BOURBON
BRAZIL
CAFFEINE
CAPPUCCINO
CATURRA
COLOMBIAN
DARK
DECAF
DRIP
ESPRESSO
ETHIOPIAN
FLAVOR
FRENCH
HAWAIIAN
INSTANT
JAMAICAN
JAVA
KENYA
KOPI LUWAK
LATTE
MOCHA
MUNDO NOVO
PACAMARA
PANAMA
PERU
ROASTED
ROBUSTA
SANTOS
STARBUCKS
SUMATRA
TIMOR
TYPICA
UGANDA

Coffee Varieties

T	Y	P	B	R	A	Z	I	L	B	L	A	C	K
N	D	E	C	A	F	H	W	F	R	E	N	C	H
A	B	S	O	T	N	A	S	T	L	J	A	V	A
T	A	R	O	M	A	R	R	U	T	A	C	N	R
S	K	C	U	B	R	A	T	S	R	M	V	O	S
N	N	A	I	P	O	I	H	T	E	A	M	O	V
I	R	P	W	S	C	A	F	F	E	I	N	E	R
A	O	P	W	U	O	F	A	O	T	C	A	S	O
D	E	U	F	M	L	R	C	V	A	A	I	P	A
N	R	C	T	A	O	I	I	O	Y	N	I	R	S
A	O	C	M	T	M	C	P	N	N	D	A	E	T
G	B	I	O	R	B	A	Y	O	E	R	W	S	E
U	U	N	C	A	I	P	T	D	K	I	A	S	D
R	S	O	H	X	A	M	A	N	A	P	H	O	A
E	T	T	A	L	N	B	O	U	R	B	O	N	R
P	A	C	I	B	A	R	A	M	A	C	A	P	K

Solution on Page 334

ALL TRADES
BUILD
CALL
CARPENTRY
CONSTRUCT
CONTRACTOR
DRILL
DRYWALL
ELECTRICAL
EXTERIOR
FIXING
FLOOR
HAMMER
HANDY
HELPFUL
HOME
HOUSEHOLD
INTERIOR
LEAKS
LICENSED
LIGHT BULB
NAILS
NEIGHBOR
ODD JOBS
PAINTING
PIPES
PLUMBING
PROJECTS
REMODELING
REPAIRS
SERVICE
SKILLED
USEFUL
VAN
WOOD
WORK

Handyman

C Y D N A H I N T E R I O R
A X P O P R O J E C T S O E
R N L I O A S G N I X I F P
P E U D P W I B R A R U O A
E I M L A E L N O E I Z O I
N G B O E L S I T J M L C R
T H I H D L L X C I D O S S
R B N E R E E T A E N D H B
Y O G S Y Z L C R S N G O U
R R R U W P H I T A K S R I
E U O O A E Z R N R D A E L
M S O H L L U A O G I E E D
M E L P L C V W C G F C S L
A F F A T E C I V R E S A W
H U C F H B L U B T H G I L
L L I R D E L L I K S O T W

Solution on Page 334

ALAMEDA

ALCATRAZ

BEVERLY HILLS

CABLE CARS

CALAVERAS

DEATH VALLEY

EL DORADO

GOLDEN BEAR

KERN

LAKE TAHOE

LASSEN

LOS ANGELES

MARIPOSA

MENDOCINO

MODOC

MOJAVE DESERT

MOUNT SHASTA

OAKLAND

PALM SPRINGS

PLACER

POPPY

SAN BENITO

SAN FRANCISCO

SAN JOAQUIN

SANTA CLARA

SILICON VALLEY

The Golden State

S	I	L	I	C	O	N	V	A	L	L	E	Y	N
T	L	A	S	O	P	I	R	A	M	Z	O	Y	I
X	I	L	Y	A	L	A	M	E	D	A	H	Q	U
C	S	E	I	E	R	M	W	M	K	R	A	L	Q
S	A	L	L	H	L	E	M	O	Z	T	T	O	A
G	N	B	A	D	Y	L	V	J	O	A	E	S	O
N	B	Y	L	S	O	L	A	A	D	C	K	A	J
I	E	P	O	E	S	R	R	V	L	L	A	N	N
R	N	P	T	I	C	E	A	E	H	A	L	G	A
P	I	O	A	K	L	A	N	D	V	T	C	E	S
S	T	P	L	A	C	E	R	E	O	E	A	L	C
M	O	U	N	T	S	H	A	S	T	A	B	E	O
L	G	O	L	D	E	N	B	E	A	R	R	S	D
A	O	C	S	I	C	N	A	R	F	N	A	S	O
P	M	A	R	A	L	C	A	T	N	A	S	U	M
X	Q	W	O	N	I	C	O	D	N	E	M	P	G

Solution on Page 334

ANCIENT
ANTIQUING
ARTIFACT
AUCTION
BEAUTY
BUY
CAR
CHAIR
COLLECTION
CONDITION
DEALER
DECOR
DESIRABLE
ERA
ESTATE
FURNITURE
GEORGIAN
HISTORICAL
ITEMS
LACE
MUSEUM
OBJECT
OLD
PAST
PERIOD
PORCELAIN
POTTERY
RARITY
ROADSHOW
RUGS
SALE
SHOPPING
TIME
UNIQUE
UTILITY
VALUABLE
VICTORIAN
VINTAGE
WOOD

Antiques

H	G	N	I	P	P	O	H	S	I	T	E	M	S
N	E	W	D	R	A	E	G	A	T	N	I	V	D
R	O	O	E	R	S	R	M	U	S	E	U	M	P
Y	R	O	A	O	T	U	T	I	L	I	T	Y	O
U	G	D	L	A	R	N	O	I	T	C	U	A	R
N	I	X	E	D	A	R	E	T	F	N	C	N	C
I	A	D	R	S	R	N	Y	W	O	A	O	Z	E
Q	N	V	U	H	I	S	T	O	R	I	C	A	L
U	T	A	T	O	T	R	U	I	T	I	O	T	A
E	C	L	I	W	Y	Z	A	C	Q	P	N	L	I
S	E	U	N	R	R	D	E	B	O	U	D	W	N
T	J	A	R	J	O	L	B	T	L	O	I	O	R
A	B	B	U	I	L	T	T	U	I	E	T	N	U
T	O	L	F	O	A	E	C	R	Y	C	I	C	G
E	D	E	C	O	R	H	E	I	C	A	O	C	S
S	A	L	E	Y	Z	P	C	X	V	L	N	V	Q

Solution on Page 335

ALTERATION

BEADING

BOBBIN

BODICE

BOLT

BONDING

CANDLEWICK

CROSS-STITCH

CUTWORK

EMBOSSING

FLOCKING

HEMSTITCHING

INSEAM

INTERFACING

INTERLINING

NEEDLEPOINT

NOTCHES

PATCHWORK

PIVOTING

PRESHRINKING

QUILTING

SEAM ALLOWANCE

SEERSUCKER

SMOCKING

SUTURING

TOPSTITCH

UNDERSTITCH

Sewing

N	I	I	N	T	E	R	L	I	N	I	N	G	B
E	N	P	R	Q	G	G	N	G	S	F	U	N	E
E	S	I	E	U	N	N	O	N	U	L	U	I	M
D	E	V	K	I	I	I	T	I	T	O	N	C	B
L	A	O	C	L	K	K	C	D	U	C	D	A	O
E	M	T	U	T	N	C	H	N	R	K	E	F	S
P	A	I	S	I	I	O	E	O	I	I	R	R	S
O	L	N	R	N	R	M	S	B	N	N	S	E	I
I	L	G	E	G	H	S	G	G	G	G	T	T	N
N	O	H	E	M	S	T	I	T	C	H	I	N	G
T	W	F	S	T	E	C	I	D	O	B	T	I	N
L	A	O	I	K	R	O	W	T	U	C	C	B	I
O	N	T	T	O	P	S	T	I	T	C	H	B	D
B	C	A	L	T	E	R	A	T	I	O	N	O	A
H	E	C	A	N	D	L	E	W	I	C	K	B	E
Q	I	P	A	T	C	H	W	O	R	K	K	J	B

Solution on Page 335

BRAND
BROTH
CANS
CASSEROLE
CHICKEN
CHUNKY
CONDENSED
COOK
CRACKERS
CREAM
EAT
FOOD
HEALTHY
HOME
KIDS
KITCHEN
LABELS
MEAL
MMM GOOD
MUSHROOM
NOODLE
POP ART
PRODUCTS
RED
RICE
SALT
SODIUM
SOUP
STOCK
TOMATO
VARIETY
VEGETABLE
WARHOL
WHITE

Campbell's Soup

D	B	W	V	D	M	Y	C	U	N	H	D	H	C
R	S	U	V	I	K	S	Y	Y	R	E	D	D	R
M	S	O	D	N	O	O	D	L	E	I	M	M	L
S	A	D	U	D	V	P	R	O	D	U	C	T	S
H	J	H	I	P	M	E	A	L	S	X	R	E	D
N	C	U	K	K	L	E	G	H	D	W	E	N	H
E	M	A	T	L	A	S	R	E	K	C	A	R	C
H	N	L	S	T	D	O	S	F	T	R	M	V	O
C	E	E	E	S	O	N	O	U	B	A	C	N	O
T	K	A	J	M	E	X	H	T	O	R	B	J	K
I	C	F	L	D	P	R	L	L	A	B	E	L	S
K	I	O	N	T	D	O	O	G	M	M	M	X	E
K	H	O	M	E	H	J	P	L	K	C	O	T	S
T	C	D	Y	R	V	Y	T	A	E	D	E	T	I
D	S	N	A	C	U	C	V	A	R	I	E	T	Y
I	G	W	V	X	Z	J	W	H	I	T	E	N	Y

Solution on Page 335

AIR
ANIMALS
ATMOSPHERE
BIOLOGY
BIOSPHERE
CHEMISTRY
CHRONOLOGY
CLIMATE
CORE
CRUST
EARTHQUAKE
ECOLOGY
ENERGY
GEOGRAPHY
GEOLOGY
GEOPHYSICS
GEOSCIENCE
GEOSPHERE
GLACIOLOGY
HYDROLOGY
LAVA
LIFE
MAGMA
MANTLE
MOUNTAIN
NATURE
OCEANS
PLANET
PLATES
ROCKS
SOIL
SPHERES
STUDY
TECTONIC
VOLCANOES
WEATHER

Earth Science

Y	D	U	T	S	W	E	A	T	H	E	R	O	C
T	H	N	A	T	U	R	E	C	O	L	O	G	Y
E	N	E	R	G	Y	X	Y	G	O	L	O	E	G
T	E	N	A	L	P	L	A	T	E	S	J	F	O
A	G	E	O	S	P	H	E	R	E	S	O	I	L
M	E	S	E	K	A	U	Q	H	T	R	A	E	O
I	O	C	H	R	O	N	O	L	O	G	Y	N	I
L	G	I	N	Y	E	R	E	H	P	S	O	I	B
C	R	S	T	E	D	H	E	F	I	L	M	A	A
I	A	Y	S	A	I	R	P	L	A	V	A	T	N
N	P	H	U	C	H	C	O	S	T	Q	G	N	I
O	H	P	R	O	C	K	S	L	O	N	M	U	M
T	Y	O	C	E	A	N	S	O	O	M	A	O	A
C	H	E	M	I	S	T	R	Y	E	G	T	M	L
E	Y	G	O	L	O	I	C	A	L	G	Y	A	S
T	Q	B	B	V	O	L	C	A	N	O	E	S	G

Solution on Page 335

ACCESS ROAD

BRAKE LIGHTS

CAR STEREO

CONGESTION

COUNTY ROAD

CURVES

DETOUR

FUEL

HIGHWAY

INTERSTATE

MERGE

PARKWAY

PASSING ZONE

PRIVATE ROAD

RAILROAD LINE

RIGHT OF WAY

ROADWAY

RUSH HOUR

SCENIC BYWAY

SIGHTSEEING

SPEED LIMIT

STEERING WHEEL

STOPLIGHT

TURN SIGNAL

YIELD

On the Road

T Y A W Y B C I N E C S N E
R A I L R O A D L I N E P S
C W P R I V A T E R O A D P
O F I I R Y D O E U R B A E
N O S N U A L S H K E S C E
G T I T S W E Y W Q S T C D
E H G E H H I A G I H D E L
S G H R H G Y T N G A Y S I
T I T S O I I G I O Q A S M
I R S T U H Z L R M Q W R I
O U E A R O P Y E L A D O T
N O E T N O T R E K K A A J
B T I E T N G U T Q A O D J
I E N S U E F A S E V R U C
H D G O E R E T S R A C B U
H H C L A N G I S N R U T N

Solution on Page 336

ADMINISTRATOR

AUDIOLOGIST

BAKER

BEAUTICIAN

BUTCHER

CAPTAIN

CONSTRUCTION

CONTRACTOR

DIETITIAN

DISC JOCKEY

DOCTOR

EDITOR

FOREST RANGER

LAWYER

MECHANIC

NURSE

OPTOMETRIST

PAINTER

PHARMACIST

PHOTOGRAPHER

SCIENTIST

SEISMOLOGIST

TAXI DRIVER

TRAIN ENGINEER

TRUCK DRIVER

WRITER

Careers

M S T A X I D R I V E R L L
J H N A I C I T U A E B F A
T P H O T O G R A P H E R W
Q T G R I P B A K E R F R Y
T S C O N T R A C T O R F E
R I N T D O C T O R T R A R
U G I I L M M U E R A T U Y
C O A D W E I S R E R S D E
K L T E D T T W I T T I I K
D O P H A R M A C I S T O C
R M A P A I N T E R I N L O
I S C N E S R U N W N E O J
V I G B U T C H E R I I G C
E E Z C I N A H C E M C I S
R S N A I T I T E I D S S I
R E E N I G N E N I A R T D

Solution on Page 336

ACRYLIC
ALPACA
ANGORA
CASHMERE
CLOTHING
COTTON
CROCHETING
DENIM
DESIGN
DYES
FABRIC
FASHION
FELT
FIBERS
FLAX
HEMP
INDUSTRY
KNITTING
LINEN
LOOM
MATERIALS
MILL
NYLON
PATTERN
POLYESTER
RAYON
SATIN
SEWING
SILK
SPANDEX
SPINNING
SYNTHETIC
TAILORING
TEXTURE
THREAD
TWILL
WEAVING
WOOL
WOVEN
YARN

Textiles

C	I	R	B	A	F	E	L	T	H	E	M	P	R
X	R	D	Y	E	S	P	I	N	N	I	N	G	J
M	A	O	A	L	P	A	C	A	N	O	N	M	S
I	N	L	C	G	N	I	R	O	L	I	A	T	G
L	G	R	F	H	L	G	T	Y	H	T	Y	E	N
L	O	X	E	Y	E	T	N	T	E	A	J	X	I
K	R	O	R	T	O	T	O	R	R	C	F	T	V
L	A	C	W	C	T	L	I	N	E	N	A	U	A
I	A	I	I	H	C	A	H	N	D	G	S	R	E
S	L	H	R	T	L	E	P	U	G	I	H	E	W
L	R	E	T	S	E	Y	L	O	P	S	I	G	M
H	A	E	C	A	S	H	M	E	R	E	O	N	I
D	L	K	B	T	Y	R	T	S	U	D	N	I	N
K	O	G	N	I	T	T	I	N	K	G	P	W	E
W	O	V	E	N	F	G	R	A	Y	O	N	E	D
C	M	J	S	X	E	D	N	A	P	S	Y	S	J

Solution on Page 336

ARGUMENT

CONCEPT

ENLIGHTENMENT

EPISTEMOLOGY

ETHICS

EXISTENTIALISM

HEGEL

HEIDEGGER

IDEALISM

INTELLECTUAL

JOHN LOCKE

MARX

METAPHYSICS

NIETZSCHE

NIHILISM

OPINIONS

PHENOMENOLOGY

PHILOSOPHER

PLATO

PRAGMATISM

RATIONALISM

REASON

STRUCTURALISM

THEOLOGY

WITTGENSTEIN

Philosophical

D P Y R A T I O N A L I S M
R E G G E D I E H P A O B J
S C H A X R A M G H U N B J
T O E R I Y P S S I T C W S
R N G G S G R I N L C E I C
U C E U T O A L O O E K T I
C E L M E L G A I S L C T S
T P H E N O M E N O L O G Y
U T P N T E A D I P E L E H
R N L T I H T I P H T N N P
A O A O A T I H O E N H S A
L S T N L G S C G R I O T T
I A O K I V M U S I P J E E
S E H C S Z T E I N L J I M
M R K S M S I L I H I N N N
N Y G O L O M E T S I P E N

Solution on Page 336

ALABAMA
AMENDMENTS
AMERICAN
APPLE PIE
ARIZONA
BILL OF RIGHTS
CAPITALISM
COLONIES
COLORADO
ELECTIONS
FIFTY STATES
FLORIDA
GREAT LAKES
HAWAII
HISTORY
IDAHO
ILLINOIS
INDEPENDENCE
INDIANA
IOWA
KANSAS
LAWS
LIBERTY
MAINE
MISSOURI
SUPREME COURT
TAXES
UTAH
VIRGINIA
VOTE
WALL STREET
WISCONSIN

All American

E N I A M I S S O U R I Q Q
C T A X E S N O I T C E L E
V O Z M T E I P E L P P A L
I V L S E C O L O N I E S S
R T A O E N A N A I D N I A
G R N S R K D M Q T F F H S
I U O I T A A M E R I C A N
N O Z O S I D L E F V P W A
I C I N L N S O T N O F A K
A E R I L W O Y H A T U I C
L M A L A N S C P H E S I O
A E S L W T H I S T O R Y H
B R S I A F L O R I D A G A
A P Y T R E B I L A W O I D
M U E C N E D N E P E D N I
A S T H G I R F O L L I B S

Solution on Page 337

AIRPLANE

ARC LAMP

ATOMIC BOMB

BARBED WIRE

BLUE JEANS

BRAILLE

COTTON GIN

ELECTROMAGNET

GEIGER COUNTER

GYROSCOPE

LAWN MOWER

MACHINE GUN

PARKING METER

PLAYER PIANO

REVOLVER

RUBBER BAND

SEWING MACHINE

SODA FOUNTAIN

SPECTROSCOPE

TELEGRAPH

TELEPHONE

TOILET

TRAFFIC LIGHT

UMBRELLA

Inventions

V	D	N	A	B	R	E	B	B	U	R	S	C	T
W	X	S	P	E	C	T	R	O	S	C	O	P	E
S	N	A	E	J	E	U	L	B	E	N	B	Q	L
N	G	L	B	A	R	B	E	D	W	I	R	E	I
U	U	M	B	R	E	L	L	A	I	A	W	P	O
G	E	I	G	E	R	C	O	U	N	T	E	R	T
E	L	E	C	T	R	O	M	A	G	N	E	T	B
N	A	N	P	E	E	T	E	I	M	U	P	E	M
I	W	O	M	M	V	T	L	R	A	O	O	L	O
H	N	H	A	G	L	O	L	P	C	F	C	E	B
C	M	P	L	N	O	N	I	L	H	A	S	G	C
A	O	E	C	I	V	G	A	A	I	D	O	R	I
M	W	L	R	K	E	I	R	N	N	O	R	A	M
E	E	E	A	R	R	N	B	E	E	S	Y	P	O
F	R	T	R	A	F	F	I	C	L	I	G	H	T
O	N	A	I	P	R	E	Y	A	L	P	X	W	A

Solution on Page 337

APPLIANCES
ASSOCIATES
BLUE
BUSINESS
CAMERAS
CELL PHONE
COMPUTERS
CONSUMER
CUSTOMERS
DRYERS
DVD PLAYER
ELECTRONIC
EXPENSIVE
GADGETS
GAMES
GEEK SQUAD
MEDIA
MOVIE
MUSIC
ONLINE
PHONES
RETAILER
SALES
SERVICE
SHOPPING
SOFTWARE
STEREO
STORE
TECHNOLOGY
TELEVISION
TVS
WARRANTY
YELLOW TAG

Best Buy

C S R Y T N A R R A W S B E
S E E N I L N O P S A T L V
O N M T S Q R P R L O E U I
F O U A A E L E E H C C E S
T H S B O I M S T T D H C N
W P N P A O C A R A Z N C E
A L O N T Z A O G J I O A P
R L C S S E N I S U B L M X
E E U E C I V R E S S O E E
S C Y E C S T E G D A G R R
F X D A U Q S K E E G Y A O
Y Y E L L O W T A G T V S E
S R E T U P M O C I S U M R
E I V O M E D I A S T O R E
F I N O I S I V E L E T S T
S H O P P I N G D R Y E R S

Solution on Page 337

AQUA
AUBURN
AVOCADO
AZURE
BEIGE
BLACK
BLUSH
BRONZE
BURGUNDY
CAMOUFLAGE
CREAM
CRIMSON
CYAN
GOLD
GRAY
GREEN
HUE
LAVENDER
LIME
MAGENTA
MAROON
OLIVE
ORANGE
PAINT
PALE
PINK
PLUM
PURPLE
RED
SAGE
SALMON
SIENNA
SILVER
TAN
TEAL
TINT
TONE
TURQUOISE
WHITE
YELLOW

Coloring

G P E A M F A H K C A L B P
U L A M A R O O N Z T Y W T
B U H I T N I T U E R S O B
D M K L N B O R A N G E L Z
W H I T E T E L O R N U L V
A M C I G X G S A O S A E N
E D G A A Z M Y T H V T Y R
L E L V M I H R E E Z U P U
A V P O R O Y D N U G R U B
P I T C G H U D O C I Q R U
I L N A T B E F M R H U P A
N O X D U R V Z L E Q O L S
K K S O N O D P A A O I E H
A Q U A N N E I S M G S U E
C B Y E G Z R S I L V E R H
R C Z N E E R G A G Z N F R

Solution on Page 337

BOOKS
BORROW
CATALOG
CDS
CHILDREN
CLASSES
COLLECTION
COMPUTERS
DICTIONARY
DVDS
EDUCATION
FINES
FREE
GOVERNMENT
HELP
INTERNET
KNOWLEDGE
LEARNING
LENDING
LIBRARIANS
LOAN
MAGAZINES
MEDIA
MOVIES
NONFICTION
NOVELS
OVERDUE
PUBLIC
READING
REFERENCES
RESEARCH
RESOURCES
SCHOOL
TABLE
TAPES

At the Library

S G I N T E R N E T A P E S
L D Y E L E A R N I N G X E
S O V R E S R E T U P M O C
R C A D A R M E D I A N K R
E A H N O N F I C T I O N U
A T S O R W O R R O B I O O
D A F E O N F I N E S T W S
I L V H E L P C T Y N A L E
N O I T C E L L O C A C E R
G G N I D N E L Q Y I U D M
C S E C N E R E F E R D G O
H C R A E S E R V I A E E V
P U B L I C H I L D R E N I
E U D R E V O F E L B A T E
B O O K S M A G A Z I N E S
N O V E L S E S S A L C D S

Solution on Page 338

ABERDEEN
BLACKBURN
BLACKPOOL
BOLTON
CAMBRIDGE
COLCHESTER
COVENTRY
CRAWLEY
DUNDEE
EASTBOURNE
GLOUCESTER
HUDDERSFIELD
IPSWICH
LEICESTER
LUTON
MILTON KEYNES
NORTHAMPTON
NOTTINGHAM
OLDHAM
POOLE
ROTHERHAM
SOUTHAMPTON
SUNDERLAND
SWANSEA
WEST BROMWICH
WOLVERHAMPTON
YORK

English Cities

R	L	O	O	P	K	C	A	L	B	K	F	M	X
M	E	Y	C	A	M	B	R	I	D	G	E	Y	F
I	D	T	R	G	L	O	U	C	E	S	T	E	R
L	N	L	S	T	B	S	W	A	N	S	E	A	O
T	N	O	E	E	N	O	O	L	M	Y	D	S	T
O	C	R	T	I	C	E	L	U	T	O	N	T	H
N	R	D	U	P	F	I	V	T	P	R	A	B	E
K	A	U	O	B	M	S	E	O	O	K	L	O	R
E	W	N	Z	U	K	A	R	L	C	N	R	U	H
Y	L	D	C	O	L	C	H	E	S	T	E	R	A
N	E	E	D	R	E	B	A	T	D	K	D	N	M
E	Y	E	L	O	O	P	M	L	U	D	N	E	A
S	S	H	C	I	W	S	P	I	B	O	U	O	H
N	O	T	P	M	A	H	T	R	O	N	S	H	D
P	W	E	S	T	B	R	O	M	W	I	C	H	L
K	M	N	O	T	T	I	N	G	H	A	M	E	O

Solution on Page 338

ASSET
BANKS
BONDS
BUSINESS
CAPITAL
COMMODITY
DEPOSIT
DIVIDENDS
DOW
ECONOMY
FINANCIAL
FUNDS
FUTURES
GAINS
GOLD
INCOME
INTEREST
LAND
LOAN
LOSS
MARGIN
MARKET
MONEY
OPTIONS
PENSION
PERCENTAGE
PRINCIPAL
PROFIT
PROPERTY
PURCHASE
RETURNS
RISK
SAVINGS
SECURITY
SELL
SILVER
STOCK
TIME
TRADE
VALUE

Financial Investment

S	N	I	A	G	K	Q	Z	L	S	D	N	O	B
S	E	I	C	P	Q	C	A	P	I	T	A	L	S
G	D	L	G	E	U	P	O	V	P	I	T	F	I
N	A	O	L	R	I	R	I	T	L	F	T	U	L
I	T	S	W	C	A	D	C	A	S	O	I	T	V
V	Z	S	N	E	E	M	I	H	B	R	S	U	E
A	D	I	Y	N	P	C	O	U	A	P	O	R	R
S	R	L	D	T	N	E	S	N	F	S	P	E	E
P	E	S	O	A	I	I	N	T	E	R	E	S	T
E	B	C	N	G	N	D	I	S	I	Y	D	K	U
U	L	I	U	E	R	N	O	S	I	M	Z	N	R
L	F	A	S	R	C	W	K	M	A	O	E	A	N
A	U	S	N	O	I	T	P	O	M	N	N	B	S
V	N	S	M	D	Y	T	R	E	P	O	R	P	W
F	D	E	D	A	R	T	Y	P	Q	C	C	H	B
Z	S	T	T	J	K	M	A	R	K	E	T	G	S

Solution on Page 338

ASH
BAMBOO
BARK
BIRCH
BOARDS
BUILD
BURN
CARVING
CEDAR
CHERRY
CHOP
CUT
ELM
FIBROUS
FINISH
FLOORING
FOREST
FUEL
GRAIN
HARDWOOD
HICKORY
HOUSES
KNOTS
LOG
LUMBER
MAHOGANY
MAPLE
OAK
PAINT
PAPER
PINE
PLYWOOD
SAND
SAWDUST
SOFTWOOD
STAIN
TABLE
TIMBER
TREES
WALNUT

Wood

L	D	X	E	L	P	A	M	F	P	A	P	E	R
V	T	D	D	E	L	M	S	U	I	A	X	Z	Y
A	I	M	S	U	Y	R	R	E	H	C	I	E	H
M	M	H	M	O	W	A	G	L	S	T	O	N	K
M	B	B	A	F	O	R	E	S	T	U	Y	I	T
K	E	K	Y	R	O	K	C	I	H	N	O	P	E
R	R	S	C	E	D	A	R	D	A	S	F	H	R
A	T	U	N	L	A	W	T	G	L	L	A	N	Y
B	D	O	O	W	T	F	O	S	O	I	C	O	L
S	T	R	E	E	S	H	H	O	U	G	U	O	G
T	A	B	L	E	A	O	R	H	D	D	T	B	C
A	Q	I	O	M	P	I	S	A	N	D	W	M	L
I	F	F	G	G	N	I	V	R	A	C	P	A	X
N	I	A	R	G	N	K	S	D	R	A	O	B	S
N	R	U	B	I	R	C	H	Q	B	L	H	G	F
G	G	R	F	L	F	M	N	C	N	S	C	E	G

Solution on Page 338

ACQUAINTANCE
ACTIVITIES
AFFECTION
ASSOCIATION
ATTACHMENT
ATTRACTION
CHILDHOOD
CLOSENESS
COMRADESHIP
CONFIDANT
DEPEND
EMOTIONAL
EMPATHY
HELP
IMPORTANT
INTERESTS
INTERPERSONAL
INTIMACY
MUTUAL
NEED
PEN PAL
RELATIONSHIP
SENTIMENT
SHARING
SUPPORTIVE
TRUE
UNDERSTANDING

Friendly

G	D	E	E	N	E	M	O	T	I	O	N	A	L
N	J	S	E	I	T	I	V	I	T	C	A	L	A
I	N	C	L	O	S	E	N	E	S	S	C	A	N
R	I	N	T	E	R	E	S	T	S	P	Q	P	O
A	T	T	R	A	C	T	I	O	N	L	U	N	S
H	I	N	T	I	M	A	C	Y	Y	E	A	E	R
S	R	E	L	A	T	I	O	N	S	H	I	P	E
G	N	I	D	N	A	T	S	R	E	D	N	U	P
L	T	N	A	T	R	O	P	M	I	K	T	T	R
A	C	H	I	L	D	H	O	O	D	A	A	Y	E
U	D	O	A	F	F	E	C	T	I	O	N	H	T
T	N	E	M	H	C	A	T	T	A	A	C	T	N
U	E	S	U	P	P	O	R	T	I	V	E	A	I
M	P	C	O	M	R	A	D	E	S	H	I	P	O
S	E	N	T	I	M	E	N	T	R	U	E	M	Z
O	D	B	T	N	A	D	I	F	N	O	C	E	W

Solution on Page 339

APPETIZER
ASPARAGUS
BEANS
BREADS
BROCCOLI
CABBAGE
CARROTS
CHIPS
COLESLAW
CORN
COURSE
COUSCOUS
CUISINE
DESSERT
DINNER
DRESSING
FOOD
FRIES
GREENS
LUNCH
MEAL
MUSHROOMS
PASTAS
PEAS
PLATE
PORTION
POTATOES
RESTAURANT
RICE
ROLLS
SALADS
SAUCE
SERVING
SMALL BOWL
SOUPS
SQUASH
STARCH
STUFFING
VEGETABLES

Side Dish

E	H	C	N	U	L	N	O	I	T	R	O	P	X
T	C	U	A	S	T	A	R	C	H	C	D	V	H
B	S	I	K	P	C	L	C	A	R	R	O	T	S
R	N	S	R	O	P	O	T	A	T	O	E	S	E
E	E	I	R	R	L	E	B	D	I	N	N	E	R
A	E	N	V	E	G	E	T	A	B	L	E	S	V
D	R	E	S	S	I	N	G	I	W	Y	E	M	I
S	G	L	T	T	S	C	D	O	Z	G	E	O	N
L	A	E	M	A	O	C	B	O	A	E	B	O	G
W	S	U	E	U	L	L	O	B	O	S	R	R	N
S	N	P	R	R	L	P	B	U	A	F	O	H	I
O	A	S	P	A	R	A	G	U	S	L	C	S	F
U	E	T	M	N	C	S	C	N	L	C	C	U	F
P	B	S	S	T	R	E	S	S	E	D	O	M	U
S	D	A	L	A	S	Q	U	A	S	H	L	U	T
O	O	S	I	S	P	I	H	C	F	R	I	E	S

Solution on Page 339

ASTRONOMY
CHURCH
COMPASS
DISCOVERY
EARTH
EXPERIMENT
GALILEO
GENIUS
GEOCENTRIC
GEOMETRY
HERETIC
HISTORY
ITALIAN
JUPITER
KINEMATICS
MATH
MOON
ORBIT
PENDULUM
PHILOSOPHY
PHYSICS
PISA
PLANETS
REVOLUTION
ROMAN
SCIENTIST
SKY
STARS
SUNSPOTS
TELESCOPE
THEORIES

Galileo Galilei

T	G	E	N	I	U	S	T	E	N	A	L	P	T
M	A	T	H	S	R	A	T	S	I	S	K	Y	R
U	G	G	E	O	C	E	N	T	R	I	C	L	O
L	H	M	C	X	P	J	M	W	H	P	C	Z	R
U	N	B	Y	H	P	O	S	O	L	I	H	P	B
D	I	S	C	O	V	E	R	Y	O	Z	U	Y	I
N	G	E	O	M	E	T	R	Y	Q	N	R	M	T
E	K	I	N	E	M	A	T	I	C	S	C	O	E
P	S	S	C	I	S	Y	H	P	M	Y	H	N	L
C	E	N	O	I	T	U	L	O	V	E	R	O	E
I	I	E	M	H	I	S	T	O	R	Y	N	R	S
T	R	A	P	S	C	I	E	N	T	I	S	T	C
E	O	R	A	F	S	U	N	S	P	O	T	S	O
R	E	T	S	N	A	I	L	A	T	I	K	A	P
E	H	H	S	C	O	E	L	I	L	A	G	R	E
H	T	B	J	U	P	I	T	E	R	O	M	A	N

Solution on Page 339

AUTOGRAPHS

AWAY TEAM

BALLPARK

BLEACHERS

CATCHER

CHANGEUP

CONCESSIONS

CURVEBALL

DIAMOND

DOUBLE PLAY

DOUBLEHEADER

FIRST BASEMAN

FULL COUNT

GRAND SLAM

HOME PLATE

HOME TEAM

LINE DRIVE

MAJOR LEAGUE

OUTFIELDER

SAVE

SCREWBALL

SECOND BASEMAN

SPITBALL

STOLEN BASE

THIRD BASEMAN

Baseball

D	R	T	E	S	A	B	N	E	L	O	T	S	D
I	E	A	U	T	O	G	R	A	P	H	S	A	N
A	H	H	L	I	N	E	D	R	I	V	E	V	K
M	C	L	L	A	B	W	E	R	C	S	Q	E	R
O	T	R	G	R	A	N	D	S	L	A	M	Z	A
N	A	M	E	S	A	B	T	S	R	I	F	D	P
D	C	P	I	D	A	S	P	I	T	B	A	L	L
N	A	M	E	S	A	B	D	N	O	C	E	S	L
C	A	R	E	D	L	E	I	F	T	U	O	Q	A
H	W	M	P	S	R	E	H	C	A	E	L	B	B
A	A	M	A	J	O	R	L	E	A	G	U	E	E
N	Y	D	O	U	B	L	E	P	L	A	Y	F	V
G	T	H	O	M	E	T	E	A	M	B	N	L	R
E	E	Z	H	T	N	U	O	C	L	L	U	F	U
U	A	F	S	N	O	I	S	S	E	C	N	O	C
P	M	V	E	T	A	L	P	E	M	O	H	T	D

Solution on Page 339

AIR

ANIMAL

AVIAN

BILL

BIRD FEEDERS

BLUEBIRD

BOBWHITE QUAIL

BROWN THRASHER

CARDINAL

CAROLINA WREN

CHICKADEE

CONDOR

CROW

FEATHERS

FLIGHT

FLOCKING

FOWL

HERMIT THRUSH

HUMMINGBIRD

PHEASANT

PURPLE FINCH

RAVEN

ROADRUNNER

ROBIN

ROOST

RUFFED GROUSE

SKY

SONGS

TAIL

WOOD DUCK

YELLOWHAMMER

For the Birds

H	C	N	I	F	E	L	P	R	U	P	N	B	U
N	S	K	Y	W	K	C	U	D	D	O	O	W	Y
F	E	U	H	U	M	M	I	N	G	B	I	R	D
R	O	R	R	O	D	N	O	C	W	Q	P	U	O
E	R	W	W	H	S	R	E	H	T	A	E	F	B
M	O	O	L	A	T	A	I	C	T	T	T	F	I
M	B	R	O	W	N	T	H	R	A	S	H	E	R
A	I	C	I	I	E	I	I	B	I	O	G	D	D
H	N	O	M	Q	C	Z	L	M	L	O	I	G	F
W	G	A	U	K	R	U	A	O	R	R	L	R	E
O	L	A	A	A	E	T	I	V	R	E	F	O	E
L	I	D	V	B	I	L	L	R	I	A	H	U	D
L	E	E	I	L	A	N	I	D	R	A	C	S	E
E	N	R	E	R	O	A	D	R	U	N	N	E	R
Y	D	F	L	O	C	K	I	N	G	C	V	F	S
S	G	N	O	S	P	H	E	A	S	A	N	T	P

Solution on Page 340

ANCESTORS

AUNT

BABY

BAPTISM

CHURCH RECORDS

CONFIRMATION

CORRESPONDENCE

COUSIN

DEED

DESCENDANT

DIARIES

DIPLOMAS

FAMILY BIBLE

FAMILY HISTORY

GRANDFATHER

LAND SURVEYS

LAWSUITS

NIECE

ORAL HISTORY

PASSENGER LIST

PORT OF ENTRY

PRIMARY SOURCE

QUERIES

SPELLING

VITAL RECORDS

WIFE

WILL

Genealogy

V	V	I	T	A	L	R	E	C	O	R	D	S	A
Y	R	O	T	S	I	H	L	A	R	O	D	B	F
D	R	E	H	T	A	F	D	N	A	R	G	A	A
O	S	T	I	U	S	W	A	L	O	U	M	B	M
S	B	E	N	I	S	U	O	C	E	I	N	Y	I
P	A	S	S	E	N	G	E	R	L	I	S	T	L
E	P	E	A	K	F	R	N	Y	Q	E	R	T	Y
L	T	I	J	M	H	O	H	I	I	L	O	N	B
L	I	R	L	C	O	I	T	R	E	D	T	A	I
I	S	E	R	L	S	L	A	R	E	C	S	D	B
N	M	U	Z	T	I	I	P	E	O	T	E	N	L
G	H	Q	O	R	D	W	D	I	F	P	C	E	E
C	O	R	R	E	S	P	O	N	D	E	N	C	E
S	Y	E	V	R	U	S	D	N	A	L	A	S	F
P	R	I	M	A	R	Y	S	O	U	R	C	E	I
N	O	I	T	A	M	R	I	F	N	O	C	D	W

Solution on Page 340

AQUIFERS
BATH
BAYS
BOATING
BOIL
BOTTLED
BRIDGES
BROOK
CLEAN
CONSERVE
CREEK
CURRENT
DAM
DRINKING
DROPS
FAUCET
FISHING
ICEBERGS
MINERAL
POND
POTABLE
PUDDLE
PURIFY
RAIN
RUNOFF
SEA
SHOWER
SKIING
SPIGOT
SPRINKLER
STAGNANT
STEAM
STREAM
TAP WATER
THIRST
TIDE
TORRENT
WATERFALL
WAVES
WELL

Here's Some Water

W	R	T	L	G	N	I	I	K	S	S	S	L	M
C	R	E	E	K	N	M	D	N	O	P	P	L	V
E	P	R	W	C	O	I	I	E	K	L	I	E	W
D	C	U	O	O	U	W	T	N	L	O	G	W	H
I	R	N	D	S	H	A	A	A	E	T	O	Y	T
T	F	O	M	D	P	S	F	V	O	R	T	R	A
W	C	F	P	W	L	R	R	B	E	B	A	O	B
T	T	F	A	S	E	E	I	G	H	S	I	L	B
G	N	T	L	T	S	F	N	N	N	E	C	T	T
B	E	L	A	N	P	I	I	I	K	A	E	N	S
R	R	W	O	A	K	U	A	H	Z	L	B	E	R
I	R	C	X	N	J	Q	R	S	T	I	E	R	I
D	O	M	I	G	D	A	M	I	X	O	R	R	H
G	T	R	N	A	E	L	C	F	F	B	G	U	T
E	D	P	O	T	A	B	L	E	R	Y	S	C	V
S	B	A	Y	S	T	R	E	A	M	A	E	T	S

Solution on Page 340

AYURVEDA
BODYWORK
CHINESE
CURE
DIET
DISEASE
DOCTOR
ENERGY
FASTING
HEALING
HERBALISM
HERBOLOGY
HOLISTIC
HOMEOPATHY
HYPNOSIS
LIFESTYLE
MASSAGE
MEDITATION
MIND
NATUROPATH
OSTEOPATHY
PLANTS
REIKI
REMEDIES
SHIATSU
SPIRITUAL
SUPPLEMENT
TEA
THERAPY
TREATMENT
VEGAN
WATER
WELLNESS
YOGA

Alternative Medicine

O	G	L	Y	P	A	R	E	H	T	E	I	D	R
R	Y	C	A	H	E	R	B	A	L	I	S	M	O
D	G	G	H	U	T	N	E	M	T	A	E	R	T
S	R	N	O	I	T	A	T	I	D	E	M	G	C
S	E	I	A	L	N	I	P	K	K	Y	H	N	O
E	N	T	R	G	O	E	R	O	N	I	T	I	D
N	E	S	E	N	E	B	S	I	E	E	A	L	F
L	C	A	M	T	W	V	R	E	P	M	P	A	K
L	I	F	E	S	T	Y	L	E	T	S	O	E	R
E	T	A	D	U	S	T	A	I	H	S	R	H	O
W	S	D	I	S	E	A	S	E	E	R	U	C	W
A	I	N	E	O	S	T	E	O	P	A	T	H	Y
T	L	I	S	A	D	E	V	R	U	Y	A	R	D
E	O	M	S	U	P	P	L	E	M	E	N	T	O
R	H	Y	P	N	O	S	I	S	Y	O	G	A	B
V	M	A	S	S	A	G	E	P	L	A	N	T	S

Solution on Page 340

ARCADE

ATM

BABY STORE

BATHROOM

BORROW

BROWSE

BUSY

CASH REGISTERS

CHARGE

CLEARANCES

CLERKS

COMPUTER STORE

CREDIT CARDS

DOORS

ESCALATORS

EXIT

FAST FOOD

FOOD COURT

GIFT WRAP

INCENTIVES

MACYS

NOISE

ORANGE JULIUS

PERFUME

PET STORE

PROMENADE

RETURNS

STATIONERY

STROLLERS

TEENAGERS

TOY STORE

Going to the Mall

T	E	E	N	A	G	E	R	S	K	R	E	L	C
B	A	T	H	R	O	O	M	C	E	X	I	T	B
E	S	C	A	L	A	T	O	R	S	Y	C	A	M
C	S	E	C	N	A	R	A	E	L	C	B	O	B
P	O	N	O	I	S	E	E	D	R	Y	E	R	U
E	F	M	W	T	N	M	S	I	S	E	D	A	S
T	W	S	P	R	R	U	W	T	E	G	A	N	Y
S	W	T	S	U	U	F	O	C	D	R	N	G	R
T	G	R	R	O	T	R	R	A	A	A	E	E	E
O	I	O	O	C	E	E	B	R	C	H	M	J	N
R	F	L	O	D	R	P	R	D	R	C	O	U	O
E	T	L	D	O	O	F	T	S	A	F	R	L	I
Y	W	E	R	O	T	S	Y	O	T	S	P	I	T
J	R	R	V	F	R	B	O	R	R	O	W	U	A
C	A	S	H	R	E	G	I	S	T	E	R	S	T
J	P	V	P	I	N	C	E	N	T	I	V	E	S

Solution on Page 341

AMERICAN
APPAREL
BOOKS
BULLSEYE
BUSINESS
CHAIN
CHEAP
CLEARANCE
CLOTHING
CREDIT
DEALS
DEPARTMENT
DISCOUNT
FOOD
FURNITURE
GOODS
GROCERY
HEALTH
HOUSEWARES
JEWELRY
LOGO
MALL
MINNESOTA
MONEY
ONLINE
PHARMACY
PRODUCTS
RETAILER
SALES
SERVICE
SHOPPING
STORES
SUCCESS
TOYS
VALUE
VARIETY

Target Corporation

W	K	Y	E	N	I	L	N	O	T	S	Y	O	T
S	S	E	C	C	U	S	H	I	Y	R	F	G	V
D	R	N	I	A	H	C	D	S	L	A	E	D	F
O	Y	S	V	I	M	E	Y	E	S	L	L	U	B
O	P	T	R	A	R	R	W	C	E	W	R	D	S
F	R	O	E	C	L	E	A	R	A	N	C	E	A
T	O	R	S	I	J	U	A	H	I	W	R	P	L
N	D	E	O	L	R	P	E	T	P	A	G	A	E
U	U	S	N	G	P	A	U	R	W	T	N	R	S
O	C	P	A	A	O	R	V	E	M	O	I	T	H
C	T	H	S	I	E	L	S	L	O	S	H	M	O
S	S	E	N	I	S	U	B	I	N	E	T	E	P
I	D	A	B	O	O	K	S	A	E	N	O	N	P
D	O	L	C	H	E	A	P	T	Y	N	L	T	I
R	O	T	U	L	L	A	M	E	R	I	C	A	N
M	G	H	Y	R	E	C	O	R	G	M	J	Z	G

Solution on Page 341

BACON

BLT

BOLOGNA

BREAD

BURGER

CHICKEN

CLUB

COLD CUTS

CORNED BEEF

CUCUMBER

DAGWOOD

FALAFEL

GRILLED CHEESE

HAM

HERO

HOAGIE

HOTDOG

JAM

LETTUCE

LIVERWURST

MEATBALL

MEATLOAF

MONTE CRISTO

OPEN FACE

PANINI

PATTY MELT

ROAST BEEF

ROLL

SAUSAGE

SLOPPY JOE

SMOKED SALMON

SPROUTS

STEAK

TOMATO

TUNA SALAD

TURKEY

Make a Sandwich

P	I	N	I	N	A	P	D	O	O	W	G	A	D
L	M	L	E	G	A	S	U	A	S	L	J	N	A
E	S	E	E	H	C	D	E	L	L	I	R	G	E
T	T	M	A	F	W	H	E	R	O	V	O	O	R
T	U	O	O	T	A	M	O	T	P	E	A	L	B
U	C	N	P	K	B	L	A	I	P	R	S	O	S
C	D	T	A	E	E	A	A	H	Y	W	T	B	T
E	L	E	P	S	N	D	L	F	J	U	B	C	U
I	O	C	B	A	A	F	S	L	O	R	E	H	O
G	C	R	U	A	T	L	A	A	E	S	E	I	R
A	L	I	R	C	C	T	A	C	L	T	F	C	P
O	U	S	G	Q	U	O	Y	D	E	M	R	K	S
H	B	T	E	J	A	M	N	M	V	B	O	E	T
M	C	O	R	N	E	D	B	E	E	F	L	N	E
M	I	F	A	O	L	T	A	E	M	L	L	T	A
G	O	D	T	O	H	Y	E	K	R	U	T	O	K

Solution on Page 341

ARCHITECT
BIDDING
BRICK
BUILDINGS
BULLDOZER
CARPENTER
CONTRACTOR
CRANES
DELAYS
DESIGN
ENGINEER
EQUIPMENT
ERECT
EXECUTION
FOUNDATION
FRAME
HOUSES
JOB
LABORER
LAND
LOGISTICS
MANAGER
MATERIALS
PLANNING
PROJECT
PROPERTY
SAFETY
SITE
SKYSCRAPER
STEEL
STONE
STRUCTURE
TRADE
WOOD
WORKERS

Construction

C A R P E N T E R S U N C G
F R A M E P S P R G S G N E
S C W M S R K K E N E I E R
R H O V C O Y C E I D S M E
E I O N I P S I N D A E A G
K T D A T E C R I L R D T A
R E T N S R R B G I T J E N
O C N O I T A D N U O F R A
W T E I G Y P C E B C E I M
H C M T O T E L T R Z R A S
O E P U L E R D A O I E L Y
U J I C B F N N D N R C S A
S O U E K A E L S L N T T L
E R Q X L S L E E T S I O E
S P E E R U T C U R T S N D
W Z L A B O R E R S I T E G

Solution on Page 341

ALUMINUM

BOWLS

BUNDT PAN

CAKE PAN

CASSEROLE

CAST IRON

CERAMIC

COPPER

DUTCH OVEN

FOOD

FRYING PAN

GLASS

GRIDDLES

KITCHEN

LADLE

LOAF PAN

METAL

NONSTICK

PIE PAN

POTS

PYREX

ROASTING

SAUCEPANS

SILICONE

SKILLET

STOCKPOT

STONEWARE

TEFLON

UTENSILS

WOK

Cookware

L	K	C	I	T	S	N	O	N	Q	R	Z	S	A
A	A	F	E	N	O	C	I	L	I	S	S	L	Q
T	P	D	P	I	E	P	A	N	C	A	U	I	C
E	P	C	L	X	R	O	K	H	U	M	X	S	I
M	C	A	K	E	P	A	N	C	I	Q	S	N	M
J	V	S	E	R	A	W	E	N	O	T	S	E	A
Z	N	S	Q	Y	X	P	U	A	O	T	Q	T	R
Y	A	E	C	P	A	M	E	P	S	E	S	U	E
H	P	R	V	N	Z	K	B	F	S	F	E	B	C
T	G	O	S	O	O	I	U	A	A	L	L	B	O
T	N	L	K	R	H	T	N	O	L	O	D	O	P
W	I	E	I	I	R	C	D	L	G	N	D	W	P
K	Y	F	L	T	F	H	T	O	B	W	I	L	E
A	R	R	L	S	M	E	P	U	O	M	R	S	R
T	F	K	E	A	F	N	A	K	D	F	G	D	T
P	P	S	T	C	K	G	N	I	T	S	A	O	R

Solution on Page 342

ACTIVITY
AMUSEMENT
BOOKS
BOWLING
CARD GAME
CARTOONS
CINEMA
CIRCUS
CLOWNS
COMEDY
COMICS
CONCERT
DANCE
DIVERSION
ENJOYMENT
FILM
FUN
GAMBLING
HOBBIES
HUMOR
LAUGHTER
LEISURE
MEDIA
MONOPOLY
MOVIE
MUSICAL
OPERA
PEOPLE
PLAYS
PUPPETS
RADIO
READING
RECREATION
RELAX
SINGER
SPORTS
STORY
THEATRE
VIDEO

Entertainment

H	O	B	B	I	E	S	Y	A	L	P	B	X	Y
R	E	L	A	X	M	O	N	O	P	O	L	Y	T
V	A	P	E	O	P	L	E	O	W	R	S	H	R
Y	I	M	U	S	I	C	A	L	O	E	U	Y	E
S	D	D	Z	P	Y	T	I	V	I	T	C	A	C
C	E	E	E	B	P	N	Q	L	D	H	R	G	N
I	M	L	M	O	G	E	S	H	I	G	I	A	O
M	S	E	A	O	R	M	T	A	V	U	C	M	C
O	I	I	G	K	C	E	U	S	E	A	L	B	I
C	N	S	D	S	R	S	A	N	R	L	O	L	N
S	G	U	R	T	H	U	F	D	S	F	W	I	E
P	E	R	A	R	O	M	U	H	I	U	N	N	M
O	R	E	C	R	E	A	T	I	O	N	S	G	A
R	H	E	N	J	O	Y	M	E	N	T	G	B	Q
T	D	A	N	C	E	I	V	O	M	L	I	F	M
S	T	O	R	Y	A	R	E	P	O	I	D	A	R

Solution on Page 342

AUTOSAVE
BACKBOX
BANK
BONUS
BOUNCE
BUMPERS
BUTTONS
COIN
COMBO
DRAIN
FLIPPERS
FREE BALL
GAME
INLANE
JACKPOT
KICKER
LAUNCH
LIGHTS
MACHINE
MAGIC POST
MATCH
MODE
MULTIBALL
ORBIT
PLAYFIELD
PLUNGER
POINTS
POPPER
RAMPS
REPLAY
ROLLOVER
SLAM TILT
SLINGSHOT
SOUNDS
SPINNER
STOPPER
SWITCHES
TARGETS

Pinball

M	U	L	T	I	B	A	L	L	D	R	A	I	N
I	P	L	A	Y	F	I	E	L	D	M	M	T	P
L	M	A	G	I	C	P	O	S	T	P	O	A	S
I	T	B	R	E	V	O	L	L	O	R	D	R	X
G	S	E	A	U	T	O	S	A	V	E	E	G	O
H	T	E	M	B	O	P	D	M	S	P	S	E	B
T	O	R	B	A	I	L	A	T	P	P	T	T	K
S	P	F	O	N	C	T	O	I	M	G	N	S	C
E	P	R	N	K	C	H	L	L	A	I	I	N	A
H	E	E	U	H	S	F	I	T	R	N	O	P	B
C	R	K	S	G	R	E	G	N	U	L	P	O	U
T	E	C	N	G	E	G	A	M	E	A	U	P	T
I	P	I	T	O	P	K	C	A	J	N	C	P	T
W	L	K	O	B	M	O	C	Y	C	E	O	E	O
S	A	H	C	N	U	A	L	E	F	J	I	R	N
Q	Y	J	O	R	B	I	T	S	O	U	N	D	S

Solution on Page 342

AETIOLOGY

AREOLOGY

ENZYMOLOGY

ESCAPOLOGY

ETYMOLOGY

GRAPHOLOGY

HAGIOLOGY

HAPLOLOGY

ICONOLOGY

IRIDOLOGY

NEPHROLOGY

NOMOLOGY

NOSOLOGY

PHLEBOLOGY

PHYCOLOGY

PRAXEOLOGY

PSEPHOLOGY

SELENOLOGY

SEMIOLOGY

TELEOLOGY

TRICHOLOGY

URBANOLOGY

Fields of Study

V	A	H	E	Y	G	O	L	O	M	Y	T	E	H
T	R	A	S	Y	G	O	L	O	I	G	A	H	N
E	E	P	C	I	C	O	N	O	L	O	G	Y	O
L	O	L	A	Y	G	O	L	O	N	E	L	E	S
E	L	O	P	H	L	E	B	O	L	O	G	Y	O
O	O	L	O	T	Y	V	G	B	E	C	D	L	L
L	G	O	L	U	G	I	M	W	X	X	M	F	O
O	Y	G	O	L	O	D	I	R	I	L	A	X	G
G	G	Y	G	O	L	O	M	Y	Z	N	E	R	Y
Y	O	M	Y	G	O	L	O	H	P	E	S	P	P
S	L	N	E	P	H	R	O	L	O	G	Y	O	Q
U	O	V	Q	N	P	N	O	M	O	L	O	G	Y
U	C	U	R	B	A	N	O	L	O	G	Y	I	G
A	Y	H	R	T	R	I	C	H	O	L	O	G	Y
N	H	Y	K	Y	G	O	L	O	I	T	E	A	A
I	P	Y	G	O	L	O	I	M	E	S	E	M	N

Solution on Page 342

ALPHANUMERIC

ASTERISK

AUTOMATE

BIT

CACHE

CARTRIDGE

CPU

DATABASE

DOTCOM

DOWNLOAD

DRAG

ENTER

ERROR

GIF

HARD DRIVE

MEGAHERTZ

MICROPROCESSOR

MODEM

MOUSE PORT

MULTIMEDIA

MULTITASKING

NETWORK CARD

PASSWORD

PIXEL

PRINTER

RAM

RELIABILITY

SCSI

SERVER

SHAREWARE

SPEAKERS

SPREADSHEET

URL

USB PORT

VIDEO CARD

Computer Lingo

R	O	R	R	E	V	I	D	E	O	C	A	R	D
M	O	U	S	E	P	O	R	T	L	N	L	D	A
U	A	S	H	A	R	E	W	A	R	E	P	O	T
L	U	K	S	C	P	S	N	B	U	T	H	W	A
T	T	S	P	E	A	I	P	T	E	W	A	N	B
I	O	I	Y	A	C	C	X	E	E	O	N	L	A
M	M	R	M	T	S	O	H	E	A	R	U	O	S
E	A	E	H	E	I	S	R	E	L	K	M	A	E
D	T	T	G	A	D	L	W	P	W	C	E	D	D
I	E	S	G	A	R	O	I	O	O	A	R	R	I
A	R	A	E	E	H	D	M	B	R	R	I	R	S
F	R	R	V	F	Y	E	D	O	A	D	C	K	C
D	P	R	I	N	T	E	R	R	C	I	N	I	S
S	E	G	N	I	K	S	A	T	I	T	L	U	M
S	U	S	B	P	O	R	T	F	Z	V	O	E	A
R	U	P	C	A	R	T	R	I	D	G	E	D	R

Solution on Page 343

ACTIVIST
ALMANAC
AMBASSADOR
AMERICAN
AUTHOR
BIFOCALS
COLONIES
DIPLOMAT
FATHER
FOUNDING
GENIUS
GOVERNMENT
INVENTIONS
JEFFERSON
KEY
KITE
LIBRARY
LIGHTNING
MONEY
NEWSPAPER
PATRIOT
POLITICS
POLYMATH
POSTMASTER
PRESIDENT
PRINTING
REVOLUTION
SATIRIST
SCIENTIST
STATESMAN
STOVE

Benjamin Franklin

F	E	V	O	T	S	C	I	E	N	T	I	S	T
O	B	P	G	N	I	T	N	I	R	P	G	U	A
U	I	R	L	M	L	S	V	S	O	A	O	I	L
N	F	E	I	J	I	I	E	P	H	T	V	N	M
D	O	S	G	A	G	R	N	O	T	R	E	E	A
I	C	I	H	I	D	I	T	S	U	I	R	G	N
N	A	D	T	D	I	T	I	T	A	O	N	A	A
G	L	E	N	U	P	A	O	M	D	T	M	J	C
P	S	N	I	Y	L	S	N	A	W	S	E	L	I
O	E	T	N	R	O	O	S	S	E	F	N	M	R
L	I	R	G	A	M	S	V	T	F	Y	T	I	E
Y	N	E	G	R	A	E	A	E	Y	E	N	O	M
M	O	H	L	B	T	T	R	R	R	K	B	C	A
A	L	T	M	I	S	S	C	I	T	I	L	O	P
T	O	A	K	L	O	A	C	T	I	V	I	S	T
H	C	F	B	N	E	W	S	P	A	P	E	R	W

Solution on Page 343

AMY IRVING

ANNE BANCROFT

BETTE DAVIS

BETTY GRABLE

CLARA BOW

DIANE KEATON

ELLEN BURSTYN

FAYE DUNAWAY

GARY COOPER

GEENA DAVIS

GLENN CLOSE

GRETA GARBO

HEDY LAMARR

HENRY FONDA

JODIE FOSTER

MERYL STREEP

RAQUEL WELCH

RED BUTTONS

ROY ROGERS

SALLY FIELD

SISSY SPACEK

SOPHIA LOREN

Movie Stars

V	P	D	I	A	N	E	K	E	A	T	O	N	C
Z	D	H	E	N	R	Y	F	O	N	D	A	G	D
S	R	C	B	N	S	R	E	G	O	R	Y	O	R
M	E	L	L	E	N	B	U	R	S	T	Y	N	M
H	T	E	N	B	T	E	F	E	G	S	S	F	E
E	S	W	E	A	D	T	A	T	N	I	N	G	R
D	O	L	R	N	L	T	Y	A	I	V	O	L	Y
Y	F	E	O	C	E	E	E	G	V	A	T	E	L
L	E	U	L	R	I	D	D	A	R	D	T	N	S
A	I	Q	A	O	F	A	U	R	I	A	U	N	T
M	D	A	I	F	Y	V	N	B	Y	N	B	C	R
A	O	R	H	T	L	I	A	O	M	E	D	L	E
R	J	M	P	U	L	S	W	O	A	E	E	O	E
R	H	W	O	B	A	R	A	L	C	G	R	S	P
S	C	A	S	I	S	S	Y	S	P	A	C	E	K
B	T	G	A	R	Y	C	O	O	P	E	R	V	R

Solution on Page 343

ATRIUM

BALUSTER

BARREL TILES

CANOPY

CAPITAL

CERAMIC TILE

CLAPBOARD

CORNICE

CUPOLA

DORMER

FIELDSTONE

FINIAL

FRENCH DOOR

FRIEZE

GABLE

GAMBREL ROOF

GEODESIC DOME

LATTICE WINDOW

MANTELPIECE

MODERNISM

PREFABRICATION

SASH WINDOW

SHUTTERS

SILL

SOLARIUM

TERRACOTTA

TRUSS

WAINSCOTING

Architecture

D O R M E R B A L U S T E R
V N F O O R L E R B M A G O
E E N O T S D L E I F L D O
C T L C O R N I C E S A D D
E E Z E I R F T U E H T R H
I R A L O P U C L L U T A C
P R E F A B R I C A T I O N
L A I N I F T M A T T C B E
E C T T E L U A N I E E P R
T O Q T E I E R O P R W A F
N T H R R L S E P A S I L L
A T R A B U J C Y C Q N C O
M A L A S A S H W I N D O W
B O G E O D E S I C D O M E
S G N I T O C S N I A W H A
M S I N R E D O M U I R T A

Solution on Page 343

ARTICLES
AUDIENCE
BLOG
BROADCAST
COLUMNIST
COPY
EDITING
EDITORS
EVENTS
FACTS
INFORM
INTERVIEW
ISSUES
JOURNALIST
LEAD
MAGAZINE
MASS MEDIA
NEWSPAPERS
ONLINE
OPINION
PRESS
PRINT
RADIO
REPORTING
RESEARCH
SCHOOL
SOURCE
STORY
TELEVISION
TRENDS
TRUTH
WAR
WRITING

Journalism

P	S	O	U	R	C	E	D	I	T	I	N	G	Z
R	T	R	E	N	D	S	A	S	R	I	D	N	C
E	V	E	N	T	S	I	I	A	N	A	W	I	L
S	N	D	L	C	E	L	D	T	E	N	D	T	B
S	C	I	H	E	A	C	E	L	E	F	K	I	L
M	T	O	Z	N	V	R	M	W	C	A	Q	R	O
V	O	O	R	A	V	I	S	P	I	C	H	W	G
L	G	U	R	I	G	P	S	R	N	T	A	D	E
B	O	N	E	Y	A	A	A	I	F	S	U	U	X
J	S	W	I	P	P	R	M	N	O	I	D	E	I
Q	E	Z	E	T	A	O	T	T	R	N	I	D	M
H	U	R	M	W	R	B	C	I	M	M	E	I	T
T	S	A	C	D	A	O	R	B	C	U	N	T	G
U	S	N	O	I	N	I	P	O	N	L	C	O	R
R	I	O	O	N	L	I	N	E	H	O	E	R	Y
T	W	H	M	R	E	S	E	A	R	C	H	S	V

Solution on Page 344

ACTION
ADVENTURE
AGENT
BOND GIRLS
BRITISH
CARS
CASINO
CHARACTER
CONNERY
DALTON
DR. NO
ENEMY
FILM
FLEMING
GADGETS
GOLDENEYE
GOLDFINGER
GUNS
HERO
MARTINI
MONEYPENNY
MOONRAKER
MOVIES
OCTOPUSSY
RUSSIA
SHAKEN
SPIES
VILLAINS
WOMEN

Bond Movies

G	I	N	I	T	R	A	M	O	V	I	E	S	C
U	I	I	D	F	L	E	M	I	N	G	I	P	N
N	E	K	A	H	S	I	T	I	R	B	O	I	S
S	C	M	L	I	F	S	V	C	A	S	J	E	N
G	C	H	T	H	T	N	E	G	A	L	I	S	L
R	O	M	O	O	N	R	A	K	E	R	R	O	G
L	C	S	N	E	M	O	W	S	K	I	A	O	M
O	E	E	Y	E	N	E	D	L	O	G	L	H	O
H	W	Q	E	R	U	T	N	E	V	D	A	F	C
C	A	R	S	F	U	G	B	O	F	N	N	O	T
Y	O	S	N	I	A	L	L	I	V	O	O	N	O
M	O	N	E	Y	P	E	N	N	Y	B	I	I	P
D	N	V	N	H	R	G	A	D	G	E	T	S	U
K	R	V	E	E	E	Y	Z	J	E	M	C	A	S
O	D	R	M	R	R	R	U	S	S	I	A	C	S
A	O	D	Y	S	S	Y	S	G	X	R	K	D	Y

Solution on Page 344

ANACONDA
ANTEATER
BANANAS
BANYAN
BIG CATS
BRAZIL
BRUSH
CLEARING
DENSE
EQUATOR
FERNS
FLYING FOX
FROGS
GIBBON
HUMID
IMPENETRABLE
JAGUARS
LIZARDS
MACHETE
MAHOGANY
MONSOON
NEW GUINEA
OCELOTS
PHILIPPINES
PINEAPPLE
RAINFALL
SHOWERS
SLOTH
TAPIRS
TERMITES
THUNDERSTORMS
TOUCAN
VEGETATION

The Jungle

N	O	B	B	I	G	J	A	G	U	A	R	S	N
S	L	O	T	H	N	O	O	S	N	O	M	U	A
H	S	U	R	B	S	E	T	I	M	R	E	T	Y
O	A	F	L	Y	I	N	G	F	O	X	Y	W	N
W	N	V	E	G	E	T	A	T	I	O	N	H	A
E	A	T	A	P	I	R	S	T	A	C	G	I	B
R	N	E	L	B	A	R	T	E	N	E	P	M	I
S	A	I	V	A	E	N	I	U	G	W	E	N	F
E	B	I	Y	D	L	I	Z	A	R	D	S	F	R
Q	S	E	N	I	P	P	I	L	I	H	P	E	O
U	N	U	A	F	P	O	C	E	L	O	T	S	G
A	H	D	G	E	A	D	N	O	C	A	N	A	S
T	U	E	O	R	E	L	E	T	E	H	C	A	M
O	M	N	H	N	N	G	L	T	O	U	C	A	N
R	I	S	A	S	I	G	N	I	R	A	E	L	C
T	D	E	M	H	P	A	B	R	A	Z	I	L	J

Solution on Page 344

AUTO RACING

BACKGAMMON

BADMINTON

BIKING

BILLIARDS

BOBSLEDDING

BOWLING

BOXING

BULL RIDING

FIGURE SKATING

GOLF

GYMNASTICS

HORSE RACING

HORSESHOES

ICE HOCKEY

ICE-SKATING

PING-PONG

POLO

RACQUETBALL

SAILING

SKEET

SPEED SKATING

STICKBALL

TABLE TENNIS

WATER-SKIING

WEIGHTLIFTING

Sports World

G G G W G Y M N A S T I C S
N N N E N O T N I M D A B E
I I I I I X B O W L I N G O
L D T G T W A H G S Y O B H
I I A H A A C O N S E L I S
A R K T K T K R I I K O L E
S L S L S E G S D N C P L S
T L E I E R A E D N O I I R
I U C F R S M R E E H N A O
C B I T U K M A L T E G R H
K I V I G I O C S E C P D G
B K L N I I N I B L I O S N
A I Y G F N B N O B I N K I
L N F L O G F G B A S G E X
L G G N I C A R O T U A E O
X R A C Q U E T B A L L T B

Solution on Page 344

ACTIVIST
ALBUMS
APPLE
ARTIST
BAND
BASS
BEATLES
BRITISH
CELEBRITY
COMPOSER
CONCERTS
DIVORCE
ENGLAND
FAMOUS
GRAMMY
GUITAR
HARRISON
HEY JUDE
HISTORY
KNIGHTED
LENNON
LINDA
LIVERPOOL
LONDON
MUSICIAN
PAINTER
PERFORMER
PIANO
POP
RICH
RINGO
ROCK
SOLO
STAR
SUCCESSFUL
VEGETARIAN
WINGS
YESTERDAY

Paul McCartney

L	O	N	D	O	N	D	N	A	L	G	N	E	L
G	H	G	R	A	T	I	U	G	I	R	O	C	K
E	S	C	N	S	T	R	E	C	N	O	C	R	H
Y	T	U	I	I	Y	S	C	L	D	I	Y	O	S
M	A	T	C	R	R	A	I	S	A	T	B	V	I
M	R	H	R	C	O	V	D	V	I	D	A	I	T
A	P	V	E	G	E	T	A	R	I	A	N	D	I
R	E	Y	L	R	P	S	B	L	E	T	E	A	R
G	R	R	P	O	M	E	S	D	B	T	C	E	B
S	F	O	P	K	L	E	U	F	H	U	S	A	R
E	O	T	A	E	B	J	F	G	U	O	M	E	Z
L	R	S	C	C	Y	A	I	C	P	L	T	S	Y
T	M	I	G	E	M	N	S	M	O	N	A	I	P
A	E	H	H	O	K	N	O	S	I	R	R	A	H
E	R	M	U	S	I	C	I	A	N	S	O	L	O
B	L	S	G	N	I	W	P	L	E	N	N	O	N

Solution on Page 345

AFRICA
ANIMAL
BANANA
BONOBO
BRAIN
CAPTIVITY
CHIMP
CIRCUS
CLIMBING
COMMUNITY
CONGO
EVOLUTION
FAMILY
FOREST
FUNNY
GOODALL
GORILLA
GREAT APE
HABITAT
HANG
LONG ARMS
MAMMAL
MONKEY
NO TAIL
OMNIVOROUS
ORANGUTAN
PET
PRIMATE
RESEARCH
SCIENCE
SOCIAL
SPACE
STRENGTH
STRONG
STUDY
TOOLS
WALK
WILD
ZOO

Chimpanzees

A S N T F B G C I R C U S V
B O O E O O L S P A C E C T
R C A P R N A U Z O O A I A
A I F O E O M O P S P W E T
I A R R S B I R R T M I N I
N L I A T O N O I R I L C B
S U C N C M A V M O H D E A
T V A G S O I I A N C V L H
U S G U R T M N T G O L A Y
D T N T Y E G M E L I N F E
Y R I A M N A O U R A Y A K
N E B N A M O T O N W B M N
N N M H M G I G A D I A I O
U G I A N O G B J P A T L M
F T L O N G A R M S E L Y K
Z H C R A E S E R T O O L S

Solution on Page 345

ALDOUS HUXLEY

ALIEN NATION

ARMAGEDDON

BATMAN

BLACK HOLE

CAPTAIN KIRK

CREATURE

DOUGLAS ADAMS

FREDERIK POHL

GALAXY QUEST

HARRY POTTER

ICEMAN

KING KONG

KRULL

MARS ATTACKS

QUANTUM LEAP

RAY BRADBURY

SPACE STATION

STAR TREK

THUNDERBIRDS

TITAN AE

URSULA LE GUIN

X-FILES

Sci-Fi

V C H A L I E N N A T I O N
B M A R S A T T A C K S O O
A H R A Y B R A D B U R Y I
T F R G N O K G N I K L W T
M R Y T I T A N A E K Y L A
A E P T U E R U T A E R C T
N D O V G V T S E L I F X S
O E T S E U Q Y X A L A G E
D R T E L L L U R K T M J C
D I E I A D H N A M E C I A
E K R H L S T A R T R E K P
G P D O U G L A S A D A M S
A O L O S E L O H K C A L B
M H D K R I K N I A T P A C
R L S Q U A N T U M L E A P
A T H U N D E R B I R D S K

Solution on Page 345

ADMIRAL

AMUNDSEN

ANDREW CROFT

BALBOA

CANARY ISLANDS

CARTIER

CHARLES WILKES

CORTEZ

DANIEL GOLDEN

DE CHAMPLAIN

ERIK THE RED

EXPLORER

FERDINAND

FRIAR JULIAN

HENRY HUDSON

ITALY

JOHN FRANKLIN

LASALLE

LEIF ERICSON

NEIL ARMSTRONG

NEW WORLD

PINTA

SEAMAN

SEARCHING

UNKNOWN

VASCO DA GAMA

Exploring

X	N	A	I	L	U	J	R	A	I	R	F	M	H
L	E	I	F	E	R	I	C	S	O	N	H	V	E
N	A	A	M	A	G	A	D	O	C	S	A	V	N
R	N	J	F	E	R	D	I	N	A	N	D	G	R
J	D	S	E	A	R	C	H	I	N	G	N	D	Y
O	R	N	E	S	D	N	U	M	A	O	S	A	H
H	E	E	R	I	K	T	H	E	R	E	D	N	U
N	W	O	N	K	N	U	R	T	Y	D	Q	I	D
F	C	H	A	R	L	E	S	W	I	L	K	E	S
R	R	L	A	R	I	M	D	A	S	R	L	L	O
A	O	Z	E	T	R	O	C	S	L	O	A	G	N
N	F	C	R	A	P	I	N	T	A	W	S	O	I
K	T	A	L	S	E	A	M	A	N	W	A	L	T
L	C	I	B	A	L	B	O	A	D	E	L	D	A
I	E	X	P	L	O	R	E	R	S	N	L	E	L
N	I	A	L	P	M	A	H	C	E	D	E	N	Y

Solution on Page 345

AGE
ANIMAL
AQUATIC
BEACH
BOX TURTLE
CARAPACE
CLAWS
CRAWL
EGGS
ENDANGERED
FLIPPERS
GREEN
HARE
HIDE
LAND
MARINE
NATURE
NECK
OCEAN
OLD
PETS
REPTILES
SEA TURTLE
SHELLS
SHIELD
SLOW
SNAPPING
SOUP
SPECIES
SWIMMING
TAIL
TERRAPIN
TORTOISE
WATER
ZOO

Turtle Life

C	P	C	D	F	S	E	I	C	E	P	S	Y	N
O	J	Y	E	N	M	G	C	I	T	A	U	Q	A
R	B	D	E	R	E	G	N	A	D	N	E	C	T
L	I	L	L	E	L	E	E	I	P	N	O	M	U
H	O	O	T	S	T	I	R	C	M	A	A	T	R
N	H	O	R	I	R	T	A	G	P	M	R	L	E
P	A	Z	U	O	U	E	H	T	T	M	I	A	X
P	F	V	T	T	T	E	P	U	R	G	D	W	C
Q	E	M	A	R	X	R	E	P	T	I	L	E	S
J	W	T	E	O	O	D	L	E	I	H	S	L	N
L	S	A	S	T	B	A	H	E	N	L	L	T	A
R	O	C	T	H	G	F	N	C	G	E	F	R	P
G	U	C	R	E	C	I	L	I	H	G	C	W	P
W	P	H	E	A	R	A	B	S	M	W	S	K	I
F	U	K	E	A	W	T	E	R	R	A	P	I	N
E	T	P	M	S	N	L	C	B	W	O	L	S	G

Solution on Page 346

ARTIFACTS
BASEBALL
CAPITALIST
CHRISTIAN
CLASSICAL
CULTURES
DEMOCRACY
EDUCATION
EQUALITY
EUROPEAN
EXPRESSION
FOOTBALL
GLOBALISM
GREEKS
HERITAGE
HOLLYWOOD
LIFE
LITERATURE
MEDIEVAL
MODERN
MUSIC
PEOPLE
PHILOSOPHY
POWER
ROMANS
TECHNOLOGY
TELEVISION
TRADITION

Western Culture

L A V E I D E M N R E D O M
I N C E N A E P O R U E A E
L O U X T R A D I T I O N M
L I L P H I L O S O P H Y S
A T T R E Z A I I Y A Y F I
C A U E M O L I V C S T E L
I C R S R A P K E A T I B A
S U E S T A I L L R C L A B
S D S I X K T N E C A A S O
A E P O W E R U T O F U E L
L A S N A M O R R M I Q B G
C Y G O L O N H C E T E A R
I H O L L Y W O O D R Q L E
S C B C H R I S T I A N L E
U H E R I T A G E F I L N K
M L C Q L L A B T O O F N S

Solution on Page 346

ABDOMEN
ANIMAL
ANTENNAE
BRIGHT
BUTTERFLY
CHANGE
CHRYSALIS
DAMAGE
EAT
EGGS
EYES
FUZZY
GARDEN
GREEN
HAIRY
HERBIVORE
INCHWORMS
INSECT
LARVAL
LEAVES
MONARCH
MOTHS
PESTS
PLANTS
PUPA
SEGMENTED
SILK
SLIDING
SMALL
SPECIES
SPRING
STAGE
SUMMER
TREE
TUBULAR
YELLOW

Caterpillar

W	D	E	T	N	E	M	G	E	S	L	T	K	T
O	N	E	E	R	G	F	B	R	P	A	G	L	R
L	E	A	V	E	S	R	A	O	R	R	N	I	E
L	P	T	E	Y	I	R	Y	V	I	V	I	S	E
E	F	D	C	G	L	A	M	I	N	A	D	P	K
Y	U	S	H	E	A	F	S	B	G	L	I	U	Y
Q	Z	T	A	S	S	T	R	R	O	N	L	P	P
P	Z	N	I	U	Y	N	S	E	C	O	S	A	D
E	Y	A	R	M	R	E	I	H	T	P	N	A	N
S	J	L	Y	M	H	H	W	U	E	T	M	V	E
T	E	P	W	E	C	O	B	C	E	A	U	A	G
S	Y	Q	G	R	R	U	I	N	G	R	T	B	N
H	E	G	A	M	L	E	N	E	M	O	D	B	A
T	S	N	S	A	S	A	L	L	A	M	S	S	H
O	O	H	R	N	E	D	R	A	G	W	X	H	C
M	U	O	W	N	T	B	Q	J	I	I	V	B	H

Solution on Page 346

BUSINESS

CALCULATOR

COFFEE MAKER

COMMITTEE

CONFERENCE

EMAIL

ERASER

FAX MACHINE

FILING CABINET

FIRED

GOSSIP

HOLIDAY

JANITOR

LAMP

LASER PRINTER

LETTER OPENER

LUNCHROOM

MANAGER

MEMO

MICROWAVE

PAGER

PAPER CLIP

PICTURES

RULER

SKYSCRAPER

STAPLE PULLER

SUPERVISOR

TIME CLOCK

Around the Office

O R R E L L U P E L P A T S
M E S E R U T C I P R R I B
E S L E T T E R O P E N E R
M A E R M N N F N L G B P N
M R C N E O I S U L A U I R
I E N Y I K B R U U N S L O
C K E A P H A N P T A I C T
R C R D I A C M J R M N R A
O O E I P H G A E P E E E L
W L F L R L N E M E V S P U
A C N O R I I A R X F S A C
V E O H T A L S C J A F P L
E M C O M M I T T E E F O A
F I R E D E F G O S S I P C
I T S K Y S C R A P E R O Y
N S U P E R V I S O R R S X

Solution on Page 346

CARD TABLE

CHAISE LONGUE

CHINA CLOSET

COUNCIL BOARD

DOUBLE BED

DRAFTING TABLE

DRAWING TABLE

ESCRITOIRE

FIGHTING CHAIR

FLAT BENCH

LAWN FURNITURE

MEDICINE CHEST

POUF

READING LAMP

RECEPTION DESK

SECTIONAL

SHERATON

SIEGE PERILOUS

SOFA BED

STRAIGHT CHAIR

UPPER BERTH

VERTICAL FILE

Furniture

Q	S	D	R	A	W	I	N	G	T	A	B	L	E
D	I	P	M	A	L	G	N	I	D	A	E	R	L
R	E	C	E	P	T	I	O	N	D	E	S	K	I
A	G	E	D	S	E	N	X	C	D	M	F	S	F
O	E	R	I	E	S	O	H	A	E	F	I	O	L
B	P	I	C	C	O	T	T	R	B	L	G	F	A
L	E	O	I	T	L	A	R	D	E	A	H	A	C
I	R	T	N	I	C	R	E	T	L	T	T	B	I
C	I	I	E	O	A	E	B	A	B	B	I	E	T
N	L	R	C	N	N	H	R	B	U	E	N	D	R
U	O	C	H	A	I	S	E	L	O	N	G	U	E
O	U	S	E	L	H	O	P	E	D	C	C	M	V
C	S	E	S	U	C	M	P	K	O	H	H	A	P
E	R	U	T	I	N	R	U	F	N	W	A	L	O
S	T	R	A	I	G	H	T	C	H	A	I	R	U
E	L	B	A	T	G	N	I	T	F	A	R	D	F

Solution on Page 347

ARRANGEMENT

BASS DRUM

BERLIN

BONGO

BOSTON

BRASS

CELESTA

CHORAL

CLASSICAL

DOUBLE BASS

DRUMSTICK

ENGLISH HORN

FIRST VIOLIN

FLUGELHORN

FRENCH HORN

GLOCKENSPIEL

GONG

KETTLEDRUM

MELODY

MOUTHPIECE

OBOE

ORCHESTRATION

PERCUSSION

PHILHARMONIC

SECOND VIOLIN

SONATA

TAMBOURINE

Symphony

D	R	U	M	S	T	I	C	K	B	U	S	H	O
S	I	A	R	R	A	N	G	E	M	E	N	T	G
Y	D	O	L	E	M	M	O	B	E	R	L	I	N
K	M	G	R	E	B	U	R	C	O	S	E	P	O
D	U	N	F	O	O	R	C	H	M	S	I	H	B
P	R	R	B	I	U	D	H	O	O	A	P	I	F
E	D	O	G	C	R	S	E	R	U	B	S	L	L
R	E	H	N	E	I	S	S	A	T	E	N	H	U
C	L	H	O	L	N	A	T	L	H	L	E	A	G
U	T	C	G	E	E	B	R	V	P	B	K	R	E
S	T	N	A	S	B	R	A	Y	I	U	C	M	L
S	E	E	T	T	Z	A	T	L	E	O	O	O	H
I	K	R	A	A	V	S	I	U	C	D	L	N	O
O	Q	F	N	O	T	S	O	B	E	H	G	I	R
N	I	L	O	I	V	D	N	O	C	E	S	C	N
V	M	U	S	L	A	C	I	S	S	A	L	C	M

Solution on Page 347

AGGIES

AMBASSADORS

AMCATS

ANTEATERS

ANTELOPES

ARCHERS

BATTLERS

BOILERMAKERS

COMMODORES

COUGARS

CRUSADERS

FIGHTING IRISH

GRIZZLIES

HAWKEYES

LEATHERNECKS

MEAN GREEN

MIDSHIPMEN

NITTANY LIONS

OREDIGGERS

PATRIOTS

RAMS

ROYALS

SAINTS

SEMINOLES

TIGERS

WOLVERINES

ZIPS

College Teams

W	O	L	V	E	R	I	N	E	S	E	A	Q	P
Q	O	R	E	D	I	G	G	E	R	S	G	R	D
C	R	U	S	A	D	E	R	S	E	S	G	A	G
S	O	J	D	S	U	O	H	R	T	O	I	M	R
R	Y	S	E	N	D	S	A	E	A	V	E	S	I
A	A	R	P	O	K	R	W	K	E	N	S	K	Z
G	L	U	M	I	V	E	K	A	T	M	R	C	Z
U	S	M	J	L	Z	H	E	M	N	I	O	E	L
O	O	R	R	Y	C	C	Y	R	A	D	D	N	I
C	M	E	A	N	G	R	E	E	N	S	A	R	E
S	T	N	I	A	S	A	S	L	S	H	S	E	S
F	I	G	H	T	I	N	G	I	R	I	S	H	T
S	R	E	L	T	T	A	B	O	E	P	A	T	A
P	A	T	R	I	O	T	S	B	G	M	B	A	C
S	E	M	I	N	O	L	E	S	I	E	M	E	M
C	T	B	S	E	P	O	L	E	T	N	A	L	A

Solution on Page 347

ALPACA
BUFFALO
CAMEL
CANARY
CATS
CHICKENS
COCKATIEL
DONKEYS
DOVE
DUCK
ELEPHANT
FERRET
FINCH
GEESE
GOATS
GOLDFISH
GOOSE
GUINEA PIG
HAMSTER
HONEY BEE
HORSE
LLAMA
MOUSE
PET
PIGEON
RABBIT
REINDEER
SHEEP
SWAN
TURKEY
YAK

Domesticated Animals

W	D	M	T	L	C	K	V	Q	I	D	F	B	Z
Y	X	C	A	U	G	O	O	S	E	C	M	L	P
J	J	N	H	S	I	F	D	L	O	G	T	S	O
I	G	X	D	T	A	F	Q	C	A	D	B	T	Q
G	C	E	E	O	N	F	K	H	A	F	U	A	H
U	L	A	E	D	N	A	I	A	S	N	F	C	Q
I	Z	C	B	S	T	K	H	N	Y	X	A	U	K
N	K	A	Y	I	E	S	E	P	C	M	F	R	B
E	B	P	E	D	G	K	S	Y	E	H	N	F	Y
A	T	L	N	Y	C	R	Y	L	S	L	O	E	E
P	L	A	O	I	R	E	E	D	N	I	E	R	K
I	J	S	H	T	U	A	S	T	A	O	G	R	R
G	W	C	O	I	I	M	B	U	S	D	I	E	U
I	Z	R	R	S	W	A	N	B	O	M	P	T	T
G	E	T	S	T	B	L	O	V	I	M	A	T	O
S	H	E	E	P	E	L	E	P	E	T	X	H	N

Solution on Page 347

AMPHITHEATRE
BENCH
BIKERS
CANOE
COTTON CANDY
DODGEBALL
FERRIS WHEEL
FOOTBALL FIELD
GAZEBO
GRASS
JOGGERS
KITE
LANDSCAPE
LAWN
MERRY-GO-ROUND
PADDLE BOATS
PICNIC
PLAYGROUND
POND
RECREATION
ROSES
SANDBOX
SKATEBOARD
SNOW CONES
SOCCER FIELD
TENNIS COURTS
TETHERBALL
TRASH CAN
TREES
WOODS

At the Park

D F E R R I S W H E E L P S
N T E T H E R B A L L Z A S
O R E D I D L K I T E N D J
I E R N L L A B E G D O D W
T E T U N E N T H B O C L M
A S A O A I D H O W I D E D
E N E R C F S X C N O R B L
R O H G H L C C C N R A O E
C W T Y S L A I O Y E O A I
E C I A A A P W G U K B T F
R O H L R B E O N D R E S R
C N P P T T R O S E S T S E
A E M B J O G G E R S A S C
N S A L U O B E Z A G K A C
O P O N D F B I K E R S R O
E Y D N A C N O T T O C G S

Solution on Page 348

ADAKITE
ANDESITE
APLITE
BASANITE
CHALK
COAL
DACITE
DIAMOND
DIORITE
DOLOMITE
FLINT
FOSSIL
GABBRO
GNEISS
GRANITE
IGNEOUS
JADE
LIMESTONE
MAGMA
MINERALS
MUDSTONE
OBSIDIAN
PEBBLE
PHYLLITE
QUARTZITE
RHYOLITE
SANDSTONE
SCORIA
SEDIMENT
SHALE
SILTSTONE
SLATE
TONALITE
TUFF
TURBIDITE
VOLCANIC

Rock Types

T	N	I	L	F	Q	E	T	I	N	A	R	G	J
N	Z	C	O	A	L	U	L	I	S	S	O	F	A
E	N	O	T	S	D	N	A	S	I	D	E	E	D
M	K	E	T	I	C	A	D	R	L	E	T	L	E
I	G	N	E	O	U	S	K	S	T	I	I	A	N
D	I	A	M	O	N	D	C	I	S	Z	D	H	O
E	M	U	D	S	T	O	N	E	T	P	I	S	T
S	L	A	T	E	R	A	D	V	O	E	B	T	S
R	C	P	R	I	S	N	O	O	N	P	R	T	E
G	H	H	A	A	A	B	L	L	E	E	U	O	M
A	A	Y	B	O	S	A	O	C	G	T	T	N	I
B	L	L	O	I	P	U	M	A	N	I	M	A	L
B	K	L	D	L	I	M	I	N	E	R	A	L	S
R	M	I	I	U	I	S	T	I	I	O	G	I	L
O	A	T	U	F	F	T	E	C	S	I	M	T	U
N	E	E	E	L	B	B	E	P	S	D	A	E	H

Solution on Page 348

ACTION FIGURES

ARMY MEN

BALL PIT

BOARD GAMES

BOW AND ARROW

DRUM

EASY-BAKE OVEN

ERECTOR SET

FRISBEE

GLOW WORMS

JACKS

JUMP ROPE

LEGOS

LINCOLN LOGS

MICROSCOPE

MODEL RAILROAD

POGO STICK

PRETEND

PUPPET

PUZZLE

RACETRACK

RUBBER DUCK

SOCCER BALL

TINKERTOYS

TRAMPOLINE

WALKIE TALKIES

YO YO

Toy Time

S	E	I	K	L	A	T	E	I	K	L	A	W	V
K	E	R	E	C	T	O	R	S	E	T	S	N	T
K	C	R	B	E	P	O	R	P	M	U	J	N	R
J	C	A	U	O	E	L	E	G	O	S	P	E	A
D	L	U	R	G	A	B	B	F	D	M	Y	V	M
T	T	I	D	T	I	R	S	W	E	U	L	O	P
E	I	E	N	R	E	F	D	I	L	R	L	E	O
S	N	P	P	C	E	C	N	G	R	D	A	K	L
M	K	O	L	P	O	B	A	O	A	F	B	A	I
R	E	C	Y	L	U	L	B	R	I	M	R	B	N
O	R	S	A	O	A	P	N	U	L	T	E	Y	E
W	T	O	X	J	Y	B	Z	L	R	R	C	S	L
W	O	R	R	A	D	N	A	W	O	B	C	A	Z
O	Y	C	N	E	M	Y	M	R	A	G	O	E	Z
L	S	I	P	R	E	T	E	N	D	S	S	P	U
G	Z	M	P	O	G	O	S	T	I	C	K	I	P

Solution on Page 348

AMP

ANALOG

BATTERY

BOARD

CAPACITORS

CHIP

CIRCUIT

COMPONENTS

COMPUTERS

CONDUCTOR

CONNECTION

CURRENT

DESIGN

DIAGRAM

DIGITAL

DIODES

ENGINEER

GROUND

INDUCTORS

INTEGRATED

LED

LOGIC

NEGATIVE

PARALLEL

POSITIVE

POWER

RESISTANCE

SCHEMATIC

SERIES

SIGNALS

SILICON

SUBSTRATE

TRANSISTOR

WIRES

Electronic Circuits

W	I	R	E	S	C	H	E	M	A	T	I	C	S
L	E	L	L	A	R	A	P	S	C	Y	A	I	L
A	S	N	W	W	G	X	U	O	E	P	C	G	A
T	H	R	Y	R	A	B	N	D	A	R	H	O	N
I	Y	I	O	R	S	N	N	C	O	E	I	L	G
G	D	U	E	T	E	O	I	T	D	S	P	E	I
I	N	W	R	C	C	T	C	P	R	I	C	V	S
D	O	A	T	I	O	U	T	M	A	S	I	I	P
P	T	I	L	R	D	M	D	A	O	T	R	T	O
E	O	I	S	N	P	M	P	N	B	A	C	A	S
N	S	G	O	L	A	N	A	O	I	N	U	G	I
G	E	C	U	R	R	E	N	T	N	C	I	E	T
I	D	S	G	D	E	T	A	R	G	E	T	N	I
S	O	A	D	J	R	E	E	N	I	G	N	E	V
E	I	L	R	O	T	S	I	S	N	A	R	T	E
D	D	E	L	R	C	O	M	P	U	T	E	R	S

Solution on Page 348

ACCELERATOR

ASHTRAY

BEEP

BRAKE LIGHTS

BYROAD

CART TRACK

CONGESTION

CRUISE CONTROL

DART

DOWNSHIFT

ENGINE PARTS

EXHAUST SYSTEM

HEADLIGHTS

LOW RIDER

LUMINA

OIL CHANGE

OMNI

PACER

PONY CAR

PRIVATE ROAD

RAIL LINE

RANSOM OLDS

SPEED LIMIT

STEAM POWER

STOPLIGHT

STRUTS

TRANS AM

TURBOCHARGED

WATER PUMP

Automobiles

O R E D I R W O L U M I N A
I E O N H R N T R A N S A M
L W M H E A D L I G H T S D
C O P R Q N E S E V A O P O
H P R O C S G T X S I P O W
A M I T O O R H H T G L N N
N A V A N M A G A R W I Y S
G E A R G O H I U A A G C H
E T T E E L C L S P T H A I
N S E L S D O E T E E T R F
I T R E T S B K S N R D T T
L U O C I N R A Y I P A T R
L R A C O T U R S G U O R E
I T D A N R T B T N M R A C
A S H T R A Y B E E P Y C A
R S P E E D L I M I T B K P

Solution on Page 349

AMERICA

APPALACHIANS

BLACK BEARS

BLUE RIDGE

CHEROKEE

CLINGMANS DOME

COVE

DEER

DOLLY PARTON

ELEVATION

EXPLORATION

FAUNA

FOOTHILLS

FORESTS

MARKS KNOB

MOUNT LE CONTE

MOUNT STERLING

MOUNTAIN RANGE

NATIONAL PARK

NORTH CAROLINA

PEAKS

PIGEON FORGE

RAFTING

SNOW

SOUTH

TRAVEL

TREES

UNITED STATES

Great Smoky Mountains

Z	U	N	I	T	E	D	S	T	A	T	E	S	S
C	S	N	A	I	H	C	A	L	A	P	P	A	K
M	O	U	N	T	A	I	N	R	A	N	G	E	A
G	O	V	N	O	I	T	A	R	O	L	P	X	E
B	N	U	E	G	R	O	F	N	O	E	G	I	P
C	L	I	N	G	M	A	N	S	D	O	M	E	I
H	E	A	L	T	D	R	M	A	N	U	A	F	B
E	L	F	C	R	L	I	A	E	L	O	L	D	O
R	E	O	O	K	E	E	R	F	R	P	W	E	N
O	V	Q	F	R	B	T	C	E	T	I	A	E	K
K	A	R	T	R	E	E	S	O	U	I	C	R	S
E	T	H	T	U	O	S	A	T	N	L	N	A	K
E	I	L	E	V	A	R	T	R	N	T	B	G	R
F	O	O	T	H	I	L	L	S	S	U	E	Q	A
A	N	I	L	O	R	A	C	H	T	R	O	N	M
N	O	T	R	A	P	Y	L	L	O	D	X	M	V

Solution on Page 349

ALARM

APRIL

ATOMIC

BEAT

BIG BEN

CALENDAR YEAR

CHRONOMETER

DECEMBER

DIGITAL

FEMTOSECOND

FINANCIAL YEAR

FORTNIGHT

HANDS

LEAP YEAR

MAINSPRING

METONIC CYCLE

MICROSECOND

MILLENNIUM

MILLISECOND

MINUTES

MOMENT

NANOSECOND

PICOSECOND

POCKET WATCH

SECONDS

SOLAR YEAR

STOPWATCH

TIME CLOCK

WATER

It's Time

F R A E Y R A L O S T A E B
M I L L I S E C O N D L T C
A P N S T O P W A T C H A H
I L E A P Y E A R Y G L S R
N F R M N D Q H C I E D S O
S K E O Z C S C N N N G D N
P C B M Y W I T D A A D N O
R O M E T N R A H Y N I O M
I L E N O O R W L O O G C E
N C C T F Y S T C Y S I E T
G E E K E E N E A M E T S E
A M D A T E S K C D C A O R
L I R U B O S C K O O L R E
A T N G C I M O T A N M C T
R I I I L I R P A P D D I A
M B P M I L L E N N I U M W

Solution on Page 349

AZTECS
BIOFUEL
CEREAL
COOK
CORNMEAL
CROP
CULTIVATE
EARS
ETHANOL
FARMING
FIELDS
FOOD
GENETICS
GRAIN
GRITS
GROUND
HARVEST
HOMINY
HUSK
INDIAN
KERNELS
MAYANS
MEXICO
MILL
OIL
PLANT
POPCORN
SEASON
SEEDS
STAPLE
STARCH
SWEET CORN
TASSEL
TORTILLA
TRADE
VARIETIES
VEGETABLE
YELLOW

Maize

T	N	A	I	D	N	I	H	U	S	K	N	C	T
R	T	S	L	H	C	R	A	T	S	T	I	R	G
A	L	A	E	M	N	R	O	C	X	A	D	O	Z
D	I	V	S	E	S	N	U	C	L	F	K	P	E
E	O	E	S	K	D	L	A	L	P	E	F	M	V
B	N	G	A	S	T	S	I	Z	R	O	L	A	Y
I	R	E	T	I	C	T	E	N	T	F	P	Y	E
O	O	T	V	A	R	I	E	T	I	E	S	A	L
F	C	A	P	O	R	L	T	E	H	A	C	N	L
U	T	B	T	C	S	F	L	E	G	A	R	S	O
E	E	L	S	I	C	D	Y	L	N	Z	N	G	W
L	E	E	E	X	S	N	D	T	I	E	A	O	J
P	W	R	A	E	I	U	S	N	M	M	G	C	L
A	S	T	S	M	A	O	H	A	R	V	E	S	T
T	A	K	O	O	C	R	L	L	A	E	R	E	C
S	F	H	N	V	R	G	S	P	F	O	O	D	N

Solution on Page 349

ACTIVITIES
ADDITION
ART
BLOCKS
BOOKS
BUS
CENTERS
CHILDHOOD
CHILDREN
CLASSROOM
DRAWING
EDUCATION
ELEMENTARY
FUN
INTERACT
KIDS
LANGUAGE
LEARNING
LINE
MATH
MUSIC
NUMBERS
PARENT
PLAY
PRESCHOOL
PRINCIPAL
READING
SINGING
SKILLS
SOCIAL
SONGS
STORY
STUDENTS
TEACHERS
VOCABULARY
WRITING
YOUNG

Kindergarten

I	N	T	E	R	A	C	T	M	S	O	N	G	S
G	C	H	I	L	D	H	O	O	D	F	T	G	Y
N	H	N	O	M	E	O	G	N	I	T	I	R	W
I	S	O	A	U	R	M	S	L	L	I	K	S	A
G	K	I	W	S	T	N	E	D	U	T	S	J	C
N	C	T	S	I	U	L	A	N	G	U	A	G	E
I	O	A	A	C	T	I	V	I	T	I	E	S	N
S	L	C	V	O	C	A	B	U	L	A	R	Y	T
C	B	U	Y	O	U	N	G	O	G	M	R	K	E
H	A	D	D	I	T	I	O	N	P	J	A	Y	R
I	Q	E	N	I	L	H	I	K	I	D	S	T	S
L	L	A	P	I	C	N	I	R	P	W	A	N	H
D	Y	A	Z	S	R	E	B	M	U	N	A	E	P
R	A	T	E	A	C	H	E	R	S	T	O	R	Y
E	L	R	E	A	D	I	N	G	F	U	N	A	D
N	P	L	A	I	C	O	S	K	O	O	B	P	F

Solution on Page 350

AIR MASS

BLIZZARD

BLOWING SNOW

CLEAR

DEW POINT

DUST STORM

FLASH FLOODING

FROST

GALE

HAIL

HAZE

HIGH PRESSURE

HOT

HURRICANE

JET STREAM

LAKE EFFECT

LOW PRESSURE

MIST

MOSTLY CLOUDY

PARTLY CLOUDY

SANDSTORM

SEA BREEZE

SLEET

THUNDERSTORM

WIND SHEAR

WIND SOCK

WINDCHILL

WINTER STORM

Weather

W	M	E	R	U	S	S	E	R	P	W	O	L	V
G	I	I	L	A	K	E	E	F	F	E	C	T	W
W	N	N	S	S	A	M	R	I	A	N	J	H	I
P	I	I	D	T	N	L	I	A	H	A	E	U	N
S	A	N	D	S	T	O	R	M	I	C	T	N	T
D	L	R	D	O	H	E	L	A	G	I	S	D	E
D	L	E	T	S	O	E	Z	A	H	R	T	E	R
S	I	A	E	L	O	L	A	E	P	R	R	R	S
Z	H	O	T	T	Y	C	F	R	R	U	E	S	T
Q	C	L	E	A	R	C	K	H	E	H	A	T	O
Y	D	U	O	L	C	Y	L	T	S	O	M	O	R
T	N	I	O	P	W	E	D	O	S	A	U	R	M
S	I	M	R	O	T	S	T	S	U	D	L	M	J
O	W	U	B	L	I	Z	Z	A	R	D	L	F	U
R	S	E	A	B	R	E	E	Z	E	O	Y	P	P
F	B	L	O	W	I	N	G	S	N	O	W	O	A

Solution on Page 350

ADOBE

ALGORITHMS

APPLE

BUSINESS

CODE

COMPUTER

DATA

DISK

DOWNLOAD

DRIVERS

FIRMWARE

FREEWARE

FUNCTION

GAMES

HARDWARE

INSTALL

INTERFACE

JAVA

LANGUAGE

LINUX

MAC

MEMORY

MICROSOFT

MIDDLEWARE

OFFICE

PHOTOSHOP

PROCEDURES

PROGRAMS

SHAREWARE

SYNTAX

SYSTEM

TOOLS

USER

WINDOWS

WORD

Computer Software

I	P	U	T	O	O	L	S	Y	S	T	E	M	E
N	F	R	E	E	W	A	R	E	M	L	I	S	C
S	S	C	O	M	P	U	T	E	R	D	E	W	I
T	J	E	C	C	W	P	M	A	D	M	I	T	F
A	F	B	C	O	E	O	V	L	A	N	U	U	F
L	I	O	R	A	R	D	E	G	D	S	N	E	O
L	R	D	S	Y	F	W	U	O	E	C	D	R	T
W	M	A	S	O	A	R	W	R	T	D	A	A	J
V	W	P	S	R	R	S	E	I	E	I	O	W	A
D	A	R	E	D	O	C	O	T	N	S	L	E	V
R	R	O	N	G	A	N	I	H	N	K	N	R	A
I	E	G	I	P	P	C	A	M	G	I	W	A	P
V	J	R	S	M	P	O	H	S	O	T	O	H	P
E	G	A	U	G	N	A	L	A	T	A	D	S	L
R	D	M	B	H	A	R	D	W	A	R	E	M	E
S	U	S	Y	N	T	A	X	U	N	I	L	Q	L

Solution on Page 350

AMBASSADOR

ARABIC

AUSTRIA

BUREAUCRACY

CHARTER

CONFERENCE

DISCUSSIONS

FLAG

HEADQUARTERS

HUMAN RIGHTS

INDEPENDENT

MANHATTAN

MEMBER STATES

NEGOTIATION

NORWAY

PEACEKEEPING

REFORM

REPUBLIC

SOUTH KOREA

SWEDEN

TREATIES

UNESCO

UNICEF

WORLD AFFAIRS

WORLD PEACE

WORLD WAR II

United Nations

A	W	P	T	N	E	D	N	E	P	E	D	N	I
I	O	Y	C	A	R	C	U	A	E	R	U	B	S
S	R	N	W	O	R	L	D	W	A	R	I	I	N
O	L	A	I	R	T	S	U	A	C	D	U	P	O
U	D	T	Y	A	W	R	O	N	E	X	N	S	I
T	P	T	F	E	C	I	N	U	K	S	E	T	S
H	E	A	D	Q	U	A	R	T	E	R	S	R	S
K	A	H	C	O	N	F	E	R	E	N	C	E	U
O	C	N	M	R	O	F	E	R	P	J	O	A	C
R	E	A	H	U	M	A	N	R	I	G	H	T	S
E	T	M	S	W	E	D	E	N	N	G	Q	I	I
A	R	E	P	U	B	L	I	C	G	A	I	E	D
L	M	E	M	B	E	R	S	T	A	T	E	S	N
B	B	T	N	E	G	O	T	I	A	T	I	O	N
C	I	B	A	R	A	W	C	H	A	R	T	E	R
R	O	D	A	S	S	A	B	M	A	F	L	A	G

Solution on Page 350

AARON
ALLISON
ANTHONY
ASHLEY
AVA
BRIANNA
CAMERON
CHRISTOPHER
DANIEL
DAVID
DYLAN
ELLA
EMILY
ETHAN
EVAN
HALEY
ISAAC
JACOB
JAMES
JASMINE
JESSICA
JOSEPH
JOSHUA
JUSTIN
KAYLA
KYLIE
LAUREN
LOGAN
LUKE
MACKENZIE
MARIA
MORGAN
NATHAN
NICOLE
OLIVIA
RACHEL
ROBERT
SYDNEY
TYLER
WILLIAM

Popular Names

Z	T	L	Y	E	N	D	Y	S	E	M	A	J	E
T	R	E	L	Y	T	I	S	A	A	C	A	T	L
A	A	I	X	E	R	A	C	H	E	L	S	V	L
C	Q	N	E	A	N	T	H	O	N	Y	C	U	A
K	C	A	M	E	R	O	N	E	L	H	K	X	I
R	D	D	I	V	A	D	S	T	R	E	B	O	R
A	Y	A	L	J	A	S	M	I	N	E	W	H	A
N	L	X	Y	E	L	H	S	A	L	Y	A	K	M
A	A	R	O	N	L	T	M	A	I	L	L	I	W
K	N	T	E	Y	O	B	U	J	E	V	A	N	A
Y	N	H	H	P	G	O	R	Y	O	E	I	E	A
L	A	P	H	A	A	A	C	I	S	S	E	J	N
I	G	E	I	Z	N	E	K	C	A	M	H	A	F
E	R	S	A	W	J	U	S	T	I	N	H	U	I
M	O	O	L	I	V	I	A	Z	V	T	N	R	A
R	M	J	A	C	O	B	T	N	E	R	U	A	L

Solution on Page 351

ARIZONA
BEVERAGE
BLACK
BREWED
CHERRY
COLD
COOL
DRINK
FLAVORED
GLASS
GREEN
HONEY
ICE CUBES
INSTANT
LIPTON
MINT
NESTEA
PEACH
RASPBERRY
RESTAURANT
SNAPPLE
SOUTHERN
SPOON
STEEP
STIR
SUGAR
SUMMER
SUN TEA
SWEET TEA
SWEETENER
TEA BAGS
TEA LEAVES
UNSWEET
WATER

Iced Tea

H	C	S	D	E	R	O	V	A	L	F	D	P	L
O	H	B	T	K	S	E	J	K	P	E	L	M	O
N	E	E	L	N	N	U	N	S	W	E	E	T	O
E	R	V	K	O	A	I	N	E	S	T	E	A	C
Y	R	E	O	S	Q	R	R	S	T	I	R	T	I
N	Y	R	H	K	W	B	U	D	W	E	S	C	S
O	M	A	A	T	C	E	O	A	L	Q	E	C	X
O	I	G	I	S	U	A	E	L	T	C	V	W	N
P	N	E	H	N	P	O	L	T	U	S	A	Q	S
S	T	O	U	A	S	B	S	B	T	G	E	A	U
S	U	B	T	P	V	T	E	E	Z	E	L	R	B
C	S	M	E	P	P	S	A	R	W	L	A	I	W
Q	O	A	M	L	I	B	P	N	R	C	E	Z	A
O	C	L	L	E	A	L	S	N	T	Y	T	O	T
H	P	A	D	G	R	E	E	N	M	J	H	N	E
F	Z	L	S	U	N	T	E	A	S	U	G	A	R

Solution on Page 351

APPLIANCES
AUTOMOBILE
BABY STORE
BANK CHECK
BORROW
BROWSE
CASH REGISTER
CHARGE
CHECKOUT
CLERKS
COMPARE
COUPONS
CREDIT CHECK
DEBIT CARD
DIRECTORY
ELECTRONICS
ESCALATOR
FOOD COURT
HAGGLE
LAYAWAY
LOAN
MUSIC STORE
NEGOTIATE
PET STORE
PRICE
RETAIL
RETURNS
SHOE STORE
SPORTING GOODS
STATIONERY

Shopping Spree

L	A	G	Y	R	E	N	O	I	T	A	T	S	S
I	U	E	R	Y	C	L	E	R	K	S	P	A	X
A	T	S	O	A	A	C	O	U	P	O	N	S	T
T	O	C	T	W	S	B	O	R	R	O	W	U	H
E	M	A	C	A	H	E	I	T	E	L	O	A	N
R	O	L	E	Y	R	C	I	D	E	K	G	P	I
O	B	A	R	A	E	N	E	R	C	G	B	P	E
T	I	T	I	L	G	B	O	E	L	U	A	L	T
S	L	O	D	G	I	T	H	E	Q	R	N	I	A
E	E	R	O	T	S	C	I	S	U	M	K	A	I
O	U	O	C	Y	T	E	G	R	A	H	C	N	T
H	D	A	B	I	E	S	W	O	R	B	H	C	O
S	R	A	D	E	R	A	P	M	O	C	E	E	G
D	B	E	L	E	C	T	R	O	N	I	C	S	E
T	R	U	O	C	D	O	O	F	C	K	K	L	N
C	P	E	T	S	T	O	R	E	T	U	R	N	S

Solution on Page 351

APPALOOSA
ARABIAN
BARN
BIT
BLACK
BREED
BRIDLE
CANTER
CARRIAGE
CLYDESDALE
COLT
DRESSAGE
FENCE
FILLY
FOAL
GALLOP
GELDING
GROOMING
HARNESS
HOOVES
JOCKEY
MANE
MARE
MORGAN
MUSTANG
OATS
PALOMINO
PASTURE
PLOW
PONIES
RANCH
RIDING
RUNNING
SHETLAND
STABLE
STALLION
TAIL
TROT
WHITE
YEARLING

Horses

B C S E V O O H C F T R O T
B R R E T N A C I H C N A R
P R I X J R C L P V W G F N
O T E D N A L T E H S E L A
L A L E L Y Y S D X N L H G
L K S O D E D R H C X D N R
A S J O C K E Y E A Y I O O
G A T I T S S G P E N N N M
N N R A S B D P A N O G I A
I Z I A B K A R U I W D M N
D L G M B L L R L P R O O E
I E A L O I E L N J L R L Y
R R A O N O A E R U T S A P
E C S G F T R N O A T S P C
K A Z D S I X G N A T S U M
E T I H W B S E I N O P B K

Solution on Page 351

BACKYARD
BARN
BIKES
BUILDING
DOORS
EQUIPMENT
FARM
GARAGE
GARDENING
HOBBIES
HOOKS
HOUSE
KEEP
LAWN MOWER
LOCKED
METAL
OUTSIDE
PAINT
PLASTIC
POTTING
ROOF
SHELTER
SHELVES
SMALL
SPACE
STEEL
STORAGE
STRUCTURE
SUPPLIES
TOOLS
VINYL
WALLS
WOODEN
WORKSHOP

Shed

X W G M S T O R A G E L O P
S P A C E S R F A N X L L N
E P A I N T B R N I V A O Y
D R A Y K C A B G T S M C S
I E E L Q G R L N T N S K L
S T R W E G N U I O M S E L
T L U O O E N C N P H E D A
U E T R M M T I E O O I K W
O H C K J R N S D U B L H T
Y S U S E A E W R L B P U O
M K R H S F M O A V I P K O
T O T O U Y P O G L E U I L
E O S P O I I D K C S S B S
G H C E H D U E V I N Y L P
L J P E P H Q N F O O R T E
B B I K E S E V L E H S L M

Solution on Page 352

ACROBATS
AIR
ATHLETE
BOUNCING
CIRCUS
COILED
DANGEROUS
DIVING
ELASTICITY
EXERCISE
FABRIC
FALLING
FLIGHT
FRAME
FREE
GRAVITY
GYMNASTICS
HIGH
INJURY
JUMPING
MAT
PADS
PLAY
REBOUND
RECREATION
ROUND
SAFETY NET
SCHOOL
SIT
SOMERSAULT
SPORTS
SPRINGS
STEEL
STRETCH
TAUT
TRAINING
TRAPEZE
TUMBLING
TWIST

Trampolines

E M S C O I L E D D R T P L
T A P F R E E N A D W H A O
R C O R B O U N C I N G D O
A R R A C O G H S Y T I S H
P O T M B E I T T A U L O C
E B S E R G N I L L A F M S
Z A R O H H C T E R T S E Y
E T U N O I T A E R C E R R
S S C I T S A N M Y G V S U
I Y I S A F E T Y N E T A J
C A A T U M B L I N G T U N
R L A S P R I N G S H M L I
E P G R A V I T Y L P A T E
X C I R B A F O E I N T I C
E S U C R I C T N D N U O R
L E E T S X E G N I V I D Q

Solution on Page 352

ACHILL ISLAND

BLARNEY CASTLE

CASTLES

CELTIC MUSIC

CORK

COUNTY KERRY

DEMOCRACY

DRUID

EMERALD ISLE

FAMINE

GAELIC GAMES

GALWAY

HERO TALES

HURLING

JAMES JOYCE

JIGS

JONATHAN SWIFT

LEINSTER

LEPRECHAUN

LUCK

OSCAR WILDE

PEAT BOGS

POUND

REELS

SAINT PATRICK

SAMUEL BECKETT

SINN FEIN

WIND

YEATS

Irish

D	D	S	E	M	A	G	C	I	L	E	A	G	G
C	N	A	S	G	I	J	T	P	O	U	N	D	Y
E	A	I	S	E	L	A	T	O	R	E	H	E	O
L	L	N	W	P	K	M	E	Z	E	U	H	M	S
T	S	T	Y	R	R	E	K	Y	T	N	U	O	C
I	I	P	S	F	O	S	C	E	S	I	R	C	A
C	L	A	E	A	C	J	E	A	N	E	L	R	R
M	L	T	L	M	C	O	B	T	I	F	I	A	W
U	I	R	T	I	R	Y	L	S	E	N	N	C	I
S	H	I	S	N	E	C	E	J	L	N	G	Y	L
I	C	C	A	E	E	E	U	N	D	I	U	R	D
C	A	K	C	U	L	V	M	T	R	S	K	K	E
O	T	F	I	W	S	N	A	H	T	A	N	O	J
P	E	A	T	B	O	G	S	Y	A	W	L	A	G
X	E	M	E	R	A	L	D	I	S	L	E	B	C
L	E	P	R	E	C	H	A	U	N	K	N	V	X

Solution on Page 352

ANCESTOR
ANIMALS
BIOLOGY
CARE
CHANGE
DEATH
DINOSAURS
DISAPPEAR
DISEASE
DODO
ECOLOGY
ENDANGERED
EVOLUTION
FOSSILS
GENE POOL
GENETICS
GONE
HABITAT
HISTORY
HUMAN
HUNTING
LOST
MAMMOTH
ORGANISM
PAST
PLANTS
POLLUTION
PRESERVE
RAIN FOREST
RARE
SCIENCE
SPECIES
STUDY
SURVIVE
THREATENED

Extinction

P	A	S	T	S	R	U	A	S	O	N	I	D	N
A	N	E	H	A	B	I	T	A	T	E	E	O	A
M	O	C	S	D	E	A	T	H	R	R	E	D	M
B	I	O	L	O	G	Y	R	A	E	A	S	O	U
P	T	L	E	N	M	E	R	G	I	C	A	U	H
L	U	O	V	R	A	I	N	F	O	R	E	S	T
A	L	G	R	T	R	A	E	P	P	A	S	I	D
N	O	Y	E	Y	D	U	T	S	O	L	I	M	H
T	V	N	S	N	N	U	G	R	L	S	D	S	U
S	E	G	E	N	E	P	O	O	L	L	C	I	N
D	S	U	R	V	I	V	E	T	U	I	H	N	T
L	X	S	P	E	C	I	E	S	T	S	A	A	I
V	H	I	S	T	O	R	Y	E	I	S	N	G	N
H	T	O	M	M	A	M	N	C	O	O	G	R	G
S	C	I	E	N	C	E	V	N	N	F	E	O	Y
K	D	E	N	O	G	S	L	A	M	I	N	A	B

Solution on Page 352

ALLEY OOP

ASSIST

BANK SHOT

BENCH

BIG MAN

BLOCK

DOUBLE DRIBBLE

FAST BREAK

FIELD GOAL

FORWARD

FREE THROW

GAME CLOCK

GUARD

HOOP

JUMP SHOT

KEY

LANE VIOLATION

OFFENSE

OVERTIME

PERIMETER

POST

SCOREBOARD

SHOT CLOCK

SUBSTITUTIONS

SWISH

TECHNICAL FOUL

THREE POINT

TIMEKEEPER

TRAVELING

UP AND DOWN

Basketball Game

G	A	M	E	C	L	O	C	K	S	T	B	H	O
E	B	Y	E	K	F	F	P	C	N	E	I	S	O
W	L	Z	Y	W	A	O	E	O	O	C	G	I	V
A	O	B	B	N	S	R	R	L	I	H	M	W	E
L	C	R	B	O	T	W	I	C	T	N	A	S	R
L	K	B	H	I	B	A	M	T	U	I	N	C	T
E	T	A	G	T	R	R	E	O	T	C	U	O	I
Y	O	N	N	A	E	D	T	H	I	A	P	R	M
O	H	K	I	L	A	E	E	S	T	L	A	E	E
O	S	S	L	O	K	S	R	L	S	F	N	B	K
P	P	H	E	I	P	N	S	F	B	O	D	O	E
O	M	O	V	V	G	E	H	I	U	U	D	A	E
O	U	T	A	E	U	F	E	C	S	L	O	R	P
H	J	R	R	N	A	F	V	R	N	T	W	D	E
P	O	S	T	A	R	O	C	J	H	E	N	D	R
L	F	I	E	L	D	G	O	A	L	T	B	E	S

Solution on Page 353

ADDRESS
AL GORE
AOL
APPLE
ARPANET
BRIDGES
CABLE
CERN
COMPUTERS
CONNECTION
DARPA
DATA
DIGITAL
E-MAIL
GATEWAYS
GLOBAL
GOOGLE
GOPHER
HARDWARE
INTERNET
LINKS
MAINFRAME
MILITARY
MODEM
NETSCAPE
NETWORKS
ONLINE
PACKETS
PHONE
PROTOCOL
RESEARCH
ROUTER
SYSTEM
TECHNOLOGY
TELEGRAPH
URL
WEB
WWW

Internet History

Q	P	B	G	L	O	D	A	R	P	A	S	H	T
R	Y	H	L	E	N	I	L	N	O	O	F	H	E
E	L	G	O	O	G	G	H	T	N	L	S	C	N
T	W	E	B	N	R	I	P	A	E	Y	S	R	A
U	S	Y	A	W	E	T	A	G	T	R	E	A	P
O	N	G	L	W	H	A	R	D	W	A	R	E	R
R	E	O	U	W	P	L	G	C	O	T	D	S	A
U	T	L	I	I	O	G	E	E	R	I	D	E	L
H	S	O	S	T	G	O	L	R	K	L	A	R	I
E	C	N	E	W	C	R	E	N	S	I	U	M	N
M	A	H	G	S	R	E	T	U	P	M	O	C	K
O	P	C	D	M	A	I	N	F	R	A	M	E	S
D	E	E	I	N	T	E	R	N	E	T	F	L	L
E	D	T	R	L	O	C	O	T	O	R	P	P	F
M	C	A	B	L	E	S	T	E	K	C	A	P	S
U	F	L	I	A	M	E	T	S	Y	S	S	A	H

Solution on Page 353

ALUMINUM
BATTERIES
BINS
BOTTLES
CANS
CARDBOARD
CENTER
COLLECTION
COMPOST
CONSUMER
CONTAINER
EARTH
ECOLOGY
ENERGY
GARBAGE
GLASS
GREEN
LANDFILL
MATERIALS
METALS
MONEY
NEWSPAPER
PACKAGING
PLANET
PLASTICS
POLLUTION
RECYCLE
REDUCE
RENEW
RESOURCES
REUSE
SALVAGE
SAVING
SORTING
STEEL
TEXTILES
TRASH

Recyclable

R	M	S	A	V	I	N	G	P	V	S	N	I	B
E	R	E	M	U	S	N	O	C	A	N	S	O	G
U	C	D	T	S	E	L	I	T	X	E	T	N	N
S	C	O	S	A	L	V	A	G	E	T	I	E	Y
E	O	N	L	U	L	P	S	I	L	T	E	G	V
R	M	Y	T	L	L	S	H	E	R	R	R	N	X
L	P	I	G	A	E	S	S	O	G	E	S	I	A
A	O	R	N	O	A	C	S	S	N	N	T	G	L
N	S	E	E	R	L	E	T	E	F	I	E	A	U
D	T	S	T	T	G	O	W	I	M	A	E	K	M
F	H	O	A	A	N	S	C	R	O	T	L	C	I
I	T	U	B	L	P	E	E	E	N	N	C	A	N
L	R	R	X	A	G	D	C	T	E	O	Y	P	U
L	A	C	P	Q	U	Z	U	T	Y	C	C	I	M
G	E	E	S	C	I	T	S	A	L	P	E	R	T
R	R	S	E	C	A	R	D	B	O	A	R	D	S

Solution on Page 353

BALD
BARBER
BLACK
BLOND
BODY
BROWN
BUN
CLIP
COMB
CONDITION
CURLY
CUTTING
DERMIS
DYE
EYELASHES
FINE
FOLLICLES
GEL
GRAY
GROWTH
HAIRCUT
HEAD
KERATIN
LENGTH
LONG
PERMANENT
RED
ROOT
SCALP
SCISSORS
SET
SHAVING
SHORT
SOFT
STRAIGHT
STYLE
TEXTURE
WASH
WAVY
WIGS

Hair

B H I H L H C G X M S L Y G
W A V Y S U U N L Z O E C R
I P L A C S H A V I N G T O
G G W D K E R A T I N F H W
S V K Z X D E O C N O T G T
G S Z C A N B U S S W N I H
N H J E A O R G N S I O A V
O O H L D L A U E T I I R P
L R I Y Y B B H T L R C T B
C T E T A N S U T C O O S D
F H S S I A C E U G A M T D
Q T L I L D X T Q R A B E B
E G O E M T N E N A M R E P
X N Y O U R Y O D Y E K I Y
P E I R R S E L C I L L O F
D L E F L B U D M A C T Q U

Solution on Page 353

AIRCRAFT
AIRPLANE
ASSEMBLY
BALSA WOOD
BUILDING
CHILDREN
CONSTRUCT
CONTROL
ELECTRIC
ENGINE
EXPENSIVE
FIBERGLASS
FLIGHT
FOAM
FUSELAGE
GLIDER
HELICOPTER
HOBBY
JETS
KITS
MILITARY
MINIATURE
MODELS
MOTOR
NONFLYING
PAINT
PARTS
PILOT
PLASTIC
PROPELLERS
ROCKET
SCALE
TAIL
TOYS
WINGS

Model Aircraft

X	J	N	O	N	F	L	Y	I	N	G	B	O	F
T	S	R	E	L	L	E	P	O	R	P	K	D	E
G	E	Y	E	N	E	N	A	L	P	R	I	A	L
Q	L	V	O	T	G	T	E	K	C	O	R	I	E
B	W	I	I	T	P	I	R	O	T	O	M	R	C
A	P	I	D	S	C	O	N	S	T	R	U	C	T
L	A	I	N	E	N	T	C	E	R	M	Y	R	R
S	S	A	L	G	R	E	B	I	F	O	B	A	I
A	S	A	V	O	S	N	P	T	L	D	B	F	C
W	E	I	L	O	T	E	E	X	I	E	O	T	A
O	M	I	N	I	A	T	U	R	E	L	H	V	T
O	B	U	I	L	D	I	N	G	D	S	T	E	J
D	L	I	A	T	O	F	U	S	E	L	A	G	E
Z	Y	R	A	T	I	L	I	M	T	N	I	A	P
S	C	A	L	E	M	A	O	F	L	I	G	H	T
K	I	T	S	T	R	A	P	L	A	S	T	I	C

Solution on Page 354

ANTS
BBQ
BEER
BLANKET
BREAD
BUNS
CAKE
CATCH
CHEESE
CHICKEN
COLAS
COOKOUT
COOLER
CORN
CUPS
FAMILY
FIRE
FLAME
FOIL
FRUIT
GAMES
GRASS
GRILL
HIBACHI
HOT DOGS
KIDS
MEAT
NAPKINS
OLIVES
OUTDOOR
PARK
PICKLES
PICNIC
RADIO
SAUCE
SHELTER
SKEWERS
STEAKS
THERMOS
TONGS

Picnic

A	I	H	W	E	C	B	W	L	D	W	S	C	P
L	L	I	R	G	S	A	L	O	C	M	B	C	A
S	E	B	R	W	S	P	T	T	I	P	A	R	K
B	A	A	E	O	C	H	U	C	I	D	B	B	G
F	C	C	R	M	O	A	E	C	H	U	A	S	C
Y	O	H	S	B	A	D	K	L	O	E	R	R	F
A	R	I	I	R	R	L	T	E	T	B	E	F	I
B	N	S	L	C	E	E	F	U	D	E	K	S	R
B	E	E	R	S	K	W	A	N	O	S	R	N	E
Q	D	V	C	N	O	E	E	D	G	K	F	U	L
P	A	I	A	I	N	M	N	K	S	A	O	B	O
L	Q	L	D	K	N	G	R	D	S	E	N	O	O
S	B	O	K	P	R	C	I	E	C	T	M	T	C
Y	L	I	M	A	F	K	I	U	H	S	E	A	S
I	T	I	S	N	C	V	A	P	I	T	A	R	G
X	K	S	Z	V	V	S	G	N	O	T	T	A	N

Solution on Page 354

ACES
BETTING
BLUFF
BRIDGE
CANASTA
CARDS
CASINO
CHEAT
CLUBS
CUT
DEALER
DECKS
DIAMONDS
DRAW
EUCHRE
FAMILY
GAMBLING
GIN
GO FISH
HANDS
HEARTS
JOKERS
KING
MELD
MONEY
OLD MAID
PINOCHLE
PLAYERS
PLAYING
POKER
QUEEN
RULES
RUMMY
SHUFFLE
SOLITAIRE
SPADES
SUITS
TRICK
WAGER
WINNER

Play a Card

M	Y	W	J	B	U	J	O	T	R	I	C	K	T
E	K	J	A	U	F	R	E	G	A	W	M	S	D
L	A	O	M	R	H	O	N	I	S	A	C	B	J
D	C	K	X	E	D	I	I	N	Y	M	M	U	R
E	E	E	A	L	Y	P	I	N	O	C	H	L	E
C	S	R	A	A	F	A	M	I	L	Y	T	C	L
K	T	S	L	E	T	M	G	S	D	N	A	H	F
S	I	P	D	D	O	N	G	U	M	N	T	J	F
L	U	L	G	N	I	L	B	M	A	G	G	L	U
Q	S	A	E	T	O	R	L	S	I	I	O	F	H
S	U	Y	T	W	U	M	T	W	D	B	F	R	S
W	D	E	F	L	K	A	A	F	R	U	I	E	P
K	B	R	E	R	I	A	T	I	L	O	S	K	A
A	N	S	A	N	N	T	D	B	D	D	H	O	D
T	A	E	H	C	G	G	U	C	J	Y	S	P	E
L	W	I	N	N	E	R	H	C	U	E	R	G	S

Solution on Page 354

APOLLO
ASTEROIDS
ATMOSPHERE
CONSTELLATION
EARTH
FAST
FOOD
FUTURE
GALAXY
LANDERS
MARS
MISSIONS
MOON
OXYGEN
PROBES
RADIATION
RESEARCH
SATELLITES
SCIENCE
SHUTTLE
SOLAR PANELS
SPACE ELEVATOR
SPACE RACE
SPACE STATIONS
SPACEFLIGHT
SPACESHIP
SPEED
SUN
TECHNOLOGY
TRAVEL
UNMANNED
WEIGHTLESSNESS

Interplanetary Travel

C R E S E A R C H D O O F L
S O L A R P A N E L S O N E
W N S S C I E N C E P L O V
M E O H T J N O T L A L I A
S G I O U A Q I H S C O T R
P Y M G M T L T T R E P A T
A X P N H L T A R E S A I H
C O U C E T H L A D T T D G
E R U T U F L L E N A M A I
S P A C E E L E V A T O R L
H S E B O R P T S L I S D F
I G A L A X Y S N S O P E E
P M I S S I O N S U N H E C
Y F A S T E R O I D S E P A
Y G O L O N H C E T V R S P
M A R S P A C E R A C E T S

Solution on Page 354

BARRY SANDERS

BRETT FAVRE

DEION SANDERS

DON MEREDITH

DOUG FLUTIE

DOWNS

END ZONE

ERIC DICKERSON

FIELD GOAL

FRAN TARKENTON

FUMBLE

GALE SAYERS

GOAL LINE

INTERCEPTION

JOE THEISMANN

JOHNNY UNITAS

KICKING

PADS

PEYTON MANNING

PUNT

SHOTGUN

TACKLE

TERRY BRADSHAW

WALTER PAYTON

WISHBONE

Football

B	R	E	T	T	F	A	V	R	E	P	A	D	S
N	B	B	A	R	R	Y	S	A	N	D	E	R	S
N	N	O	T	Y	A	P	R	E	T	L	A	W	S
A	O	J	O	H	N	N	Y	U	N	I	T	A	S
M	E	S	E	I	T	U	L	F	G	U	O	D	R
S	N	S	R	L	A	O	G	D	L	E	I	F	E
I	I	N	T	E	R	C	E	P	T	I	O	N	Y
E	L	W	P	L	K	I	C	K	I	N	G	O	A
H	L	O	U	B	E	C	N	U	G	T	O	H	S
T	A	D	N	M	N	W	I	S	H	B	O	N	E
E	O	Q	T	U	T	E	N	D	Z	O	N	E	L
O	G	C	C	F	O	K	T	A	C	K	L	E	A
J	S	R	E	D	N	A	S	N	O	I	E	D	G
A	W	A	H	S	D	A	R	B	Y	R	R	E	T
U	G	N	I	N	N	A	M	N	O	T	Y	E	P
S	H	T	I	D	E	R	E	M	N	O	D	G	N

Solution on Page 355

ANDERSON
CARTER
CLARK
COLEMAN
COLLINS
COOPER
DAVIS
DIAZ
EVANS
FLORES
FORD
FOSTER
GONZALEZ
HALL
HAMILTON
HARRIS
HAYES
HENDERSON
HERNANDEZ
HOWARD
JAMES
JOHNSON
MOORE
MURPHY
NELSON
PARKER
PERRY
POWELL
REED
RIVERA
ROGERS
SANCHEZ
SMITH
STEWART
WALKER
WATSON
WILLIAMS
WILSON
WRIGHT
YOUNG

Last Names

V	H	W	O	S	M	I	T	H	G	N	U	O	Y
P	O	W	E	L	L	M	N	O	S	T	A	W	Y
O	W	M	F	R	R	M	S	A	X	Q	L	S	W
S	A	O	E	E	U	W	N	R	C	S	F	E	I
J	R	E	T	R	A	C	I	N	C	R	L	Y	L
D	D	S	P	L	H	V	L	O	L	E	O	A	L
J	O	H	K	E	E	K	L	T	A	G	R	H	I
F	Y	E	Z	R	R	E	O	L	R	O	E	E	A
X	R	H	A	E	M	R	C	I	K	R	S	N	M
W	S	A	K	A	N	J	Y	M	N	R	D	D	S
Z	N	R	N	G	O	N	Z	A	L	E	Z	E	T
T	A	R	R	H	S	L	N	H	R	P	S	R	E
P	V	I	N	W	L	D	X	S	D	O	I	S	W
A	E	S	D	A	E	R	O	O	M	O	V	O	A
Y	O	O	H	Z	N	N	Q	G	M	C	A	N	R
N	O	S	L	I	W	R	I	G	H	T	D	P	T

Solution on Page 355

APPENDIX
ARTERIES
BLOOD
BONES
BRAIN
CHEST
CHIN
COLON
ESOPHAGUS
FEMUR
FINGERS
GALLBLADDER
GLANDS
HEEL
HIP
JUGULAR
KNEE
LIVER
MAMMARY GLAND
MOUTH
NAIL
NERVES
OVARY
PALM
PANCREAS
SCALP
SHIN
SHOULDER
SPINAL CORD
SPLEEN
THIGH
THORACIC DUCT
THROAT
THYMUS GLAND
THYROID GLAND
TOES
TONGUE
TOOTH
WRIST

Body Parts

T	S	I	R	W	Z	N	I	H	S	E	O	T	R
O	P	L	A	C	S	U	G	A	H	P	O	S	E
O	H	T	A	O	R	H	T	P	A	L	M	G	D
T	G	S	Z	R	E	C	H	I	N	A	I	N	D
H	I	E	E	U	G	N	O	T	M	D	A	O	A
Y	H	H	B	M	N	C	R	M	R	L	O	A	L
M	T	C	R	E	I	H	A	O	G	L	P	R	B
U	C	O	E	F	F	R	C	D	B	P	A	O	L
S	B	L	V	J	Y	L	I	V	E	L	N	S	L
G	R	O	I	G	A	O	C	N	U	E	E	H	A
L	A	N	L	N	R	N	D	G	S	I	R	O	G
A	I	A	I	Y	E	I	U	J	R	E	V	U	N
N	N	P	H	E	X	J	C	E	H	E	E	L	A
D	S	T	L	M	O	U	T	H	Y	N	S	D	I
H	I	P	A	N	C	R	E	A	S	K	N	E	L
G	S	S	D	N	A	L	G	T	O	V	A	R	Y

Solution on Page 355

AEROBICS
BARBELLS
BIKES
CARDIO
CLASSES
CYCLE
DUMBBELLS
ELLIPTICAL
EQUIPMENT
EXERCISE
FACILITY
FEES
FITNESS
GOLD'S GYM
GYMNASIUM
HEALTH
INSTRUCTOR
MACHINES
MEMBERSHIP
MUSCLE
PILATES
POOLS
SAUNA
SPORTS
STEAM
SWIMMING
TRAINERS
TRAINING
TREADMILLS
WEIGHTS
WELLNESS
WORKOUT
YMCA
YOGA

Health Club

G N I N I A R T U O K R O W
Y S E E F B A R B E L L S E
M E M B E R S H I P O O C F
N N W E L L N E S S E K I B
A I E O L G E L C S U M B T
S H I I I N S T R U C T O R
I C G D P I L A T E S F R E
U A H R T M L C O L E F E A
M M T A I M E B Q C S F A D
M T S C C I B X L Y S A F M
A G O Y A W B S E C A C I I
E P O O L S M N P R L I T L
T N E M P I U Q E O C L N L
S V M Y G S D L O G R I E S
A N U A S R E N I A R T S N
D M H E A L T H A C M Y S E

Solution on Page 355

APPS
AUDIO
BATTERY
BUSINESS
COMPUTER
DESIGN
DEVICE
DISPLAY
EBOOKS
ELECTRONIC
GADGET
GAMES
INNOVATION
INTERNET
IPHONE
IPOD
ITUNES
JAILBREAK
LAPTOP
MAC
MEDIA
MOBILE
MOVIES
MULTI-TOUCH
MUSIC
PHOTOS
POPULAR
PORTABLE
SAFARI
SCREEN
SOFTWARE
STEVE JOBS
TABLET
TECHNOLOGY
VIDEO
WEB
WIFI
WIRELESS

iPad

S	M	H	M	J	W	I	R	E	L	E	S	S	Z
C	P	O	C	K	A	E	R	B	L	I	A	J	T
R	R	P	B	U	I	N	T	E	R	N	E	T	E
E	E	Y	A	I	O	S	C	P	O	T	P	A	L
E	T	A	S	Y	L	T	Y	R	E	T	T	A	B
N	U	L	I	G	R	E	I	E	O	I	D	U	A
O	P	P	N	O	A	V	P	T	C	M	S	P	T
E	M	S	N	L	L	E	O	M	L	I	V	A	R
D	O	I	O	O	U	J	D	W	N	U	V	T	O
I	C	D	V	N	P	O	B	E	I	S	M	E	P
V	I	M	A	H	O	B	S	B	R	K	D	G	D
I	S	O	T	C	P	S	C	Z	A	O	E	D	G
F	U	V	I	E	R	A	W	T	F	O	S	A	A
I	M	I	O	T	M	E	D	I	A	B	I	G	M
W	A	E	N	O	H	P	I	C	S	E	G	O	E
B	M	S	O	T	O	H	P	I	T	U	N	E	S

Solution on Page 356

AIR BAGS

ALERT

BRIGHT CLOTHES

BUDDY SYSTEM

BURN

CLOTHING

CROSSING GUARD

CROSSWALK

DOCTOR

FIRE ALARM

FIRST AID

FLASHLIGHT

LADDER

LIFEGUARD

LIFE JACKET

LOCK

PADS

PARENT

POLICE OFFICER

SCHOOL ZONE

SEAT BELT

SIGNAL

SIREN

SMOKE DETECTOR

SPRINKLER

STOP DROP ROLL

STOP SIGN

TEACHER

TRAFFIC LIGHTS

Safety First

K	L	L	O	R	P	O	R	D	P	O	T	S	M
M	K	S	C	H	O	O	L	Z	O	N	E	T	R
C	E	C	R	P	A	R	E	N	T	H	N	H	A
R	S	T	O	P	S	I	G	N	T	R	U	G	L
O	E	L	S	L	L	S	R	O	U	T	G	I	A
S	A	C	S	Y	I	I	L	B	H	S	F	L	E
S	T	S	I	G	S	C	F	G	A	E	I	C	R
W	B	D	N	F	T	Y	I	E	J	G	R	I	I
A	E	A	G	H	F	L	D	A	G	O	S	F	F
L	L	P	G	A	H	O	C	D	T	U	T	F	R
K	T	I	U	S	L	K	E	C	U	E	A	A	E
T	R	P	A	X	E	E	O	C	A	B	I	R	D
B	Y	L	R	T	M	D	R	C	I	E	D	T	D
G	F	W	D	G	N	I	H	T	O	L	C	S	A
S	M	O	K	E	D	E	T	E	C	T	O	R	L
S	I	R	E	N	R	E	L	K	N	I	R	P	S

Solution on Page 356

ATTORNEY
BAIL
BILL
BOOKS
CASE
CIVIL
CONTRACTS
COURTROOM
CRIMINAL
DECISION
DEFENDANT
ECONOMICS
EVIDENCE
FINES
GAVEL
GUILTY
JAIL
JUDGES
JUDICIARY
JUSTICE
LAWYERS
LEGAL
ORDER
PLAINTIFF
PLEA
POLITICS
PRECEDENT
PRISON
REGULATION
RIGHTS
SCHOOL
SENTENCE
SHERIFF
SOCIETY
STATUTE
SUE
TORT
WITNESS

Law

E	C	N	E	T	N	E	S	H	E	R	I	F	F
D	Y	N	V	L	E	G	A	L	U	F	M	T	R
X	E	B	I	G	D	E	C	I	S	I	O	N	G
A	N	F	D	S	T	C	A	R	T	N	O	C	S
E	R	L	E	T	N	E	D	E	C	E	R	P	C
L	O	I	N	N	J	U	D	G	E	S	T	E	H
P	T	V	C	T	D	E	L	U	I	K	R	T	O
R	T	I	E	O	L	A	S	L	V	O	U	U	O
I	A	C	G	R	F	A	N	A	I	O	O	T	L
S	S	E	N	T	I	W	N	T	C	B	C	A	A
O	O	A	J	U	D	I	C	I	A	R	Y	T	W
N	C	A	Y	E	C	O	N	O	M	I	C	S	Y
B	I	X	L	P	L	A	I	N	T	I	F	F	E
L	E	C	I	T	S	U	J	R	E	D	R	O	R
S	T	H	G	I	R	P	O	L	I	T	I	C	S
P	Y	T	L	I	U	G	A	V	E	L	I	A	B

Solution on Page 356

ADVENTURE
AFRICA
ANIMATION
BROADWAY
CARTOON
CHILDREN
CLASSIC
CUB
DISNEY
FAMILY
FATHER
FILM
HAMLET
HYENAS
JUNGLE
KINGDOM
LIONS
LOVE
MEERKAT
MOVIE
MUFASA
MUSICAL
NALA
OUTLANDS
PLAY
PRINCE
PUMBAA
RAFIKI
SARABI
SCAR
SHENZI
SHOW
SIMBA
SONGS
STAMPEDE
STORY
THEATER
TIMON
WARTHOG
ZAZU

The Lion King

E	Z	F	R	H	Y	E	N	A	S	P	B	U	C
X	D	M	B	E	C	L	E	C	N	I	R	P	I
T	E	L	M	A	H	C	I	T	B	L	O	H	K
T	G	I	N	O	I	T	A	M	I	N	A	P	I
A	I	F	B	S	L	Z	A	O	A	D	D	E	F
M	L	M	S	A	D	K	N	F	V	F	W	L	A
S	L	A	O	F	R	S	I	E	X	O	A	G	R
A	L	Y	N	N	E	A	N	N	H	L	Y	N	C
C	A	J	G	X	N	T	S	S	G	S	E	U	C
I	C	G	S	O	U	T	L	A	N	D	S	J	Y
R	I	W	A	R	T	H	O	G	E	V	O	L	R
F	S	Y	E	N	S	I	D	P	L	Y	O	M	O
A	U	I	E	I	V	O	M	E	E	R	K	A	T
Z	M	X	M	S	C	A	R	T	O	O	N	I	S
Z	A	Z	U	B	T	H	E	A	T	E	R	U	T
M	U	F	A	S	A	A	B	M	U	P	L	A	Y

Solution on Page 356

AGING

BABY OIL

BEAUTY

BIKINI

BOOTHS

BRONZER

COLOR

COPPERTONE

DARK

EXPOSURE

FRECKLES

HEALTH

HOT

LOTION

PALE

PROTECT

RELAXING

RESORT

SALON

SPF

SUMMER

SUNBATHING

SUNBURN

SUNGLASSES

SUNLIGHT

SUNSCREEN

SWIMMING

UV RAYS

VITAMIN D

WRINKLE

Get Some Sun

C	G	N	I	M	M	I	W	S	A	L	O	N	H
O	G	N	P	T	A	H	T	B	O	O	T	H	S
P	O	V	I	T	A	M	I	N	D	T	C	U	T
P	H	K	K	H	E	A	L	T	H	L	E	V	B
E	S	H	N	O	T	O	Y	G	S	E	T	R	I
R	K	R	E	T	M	A	I	T	S	S	O	A	K
T	T	O	E	G	K	L	B	T	U	N	R	Y	I
O	R	L	R	B	N	A	O	N	Z	A	P	S	N
N	E	O	C	U	G	B	G	E	U	R	E	B	I
E	M	C	S	I	O	L	R	X	Q	S	R	B	P
L	M	U	N	E	A	R	I	P	A	L	E	K	W
K	U	G	U	S	R	A	N	O	I	T	O	L	P
N	S	I	S	P	F	J	S	S	Y	C	K	L	K
I	N	E	N	R	U	B	N	U	S	B	W	R	F
R	S	S	E	L	K	C	E	R	F	Q	A	U	P
W	L	G	N	I	X	A	L	E	R	D	R	B	S

Solution on Page 357

ACTING
APOLLO
AWARDS
BEST ACTOR
BIG
CAST AWAY
CELEBRITY
CHARACTER
COMEDIAN
DIRECTOR
DRAGNET
FAMOUS
FATHER
FILM
FORREST
FUNNY
GREEN MILE
GUMP
HOLLYWOOD
LOVE
MEG RYAN
MOVIES
OSCARS
PRODUCER
RICH
RITA
ROLE
SEATTLE
SPLASH
STAR
TALENT
TELEVISION
TERMINAL
TOY STORY
VOICE
WOODY

Tom Hanks

A	G	Q	L	O	V	E	L	T	T	A	E	S	Y
C	T	U	T	S	R	A	C	S	O	T	H	A	A
T	W	I	M	Y	A	P	E	Z	R	E	S	G	R
I	E	B	R	P	T	R	F	S	D	R	A	W	A
N	I	L	O	G	R	I	E	U	Y	M	L	O	T
G	L	L	E	O	R	O	R	H	N	I	P	O	S
C	L	C	F	V	T	E	D	B	T	N	S	D	Y
O	H	I	A	A	I	M	E	U	E	A	Y	Y	M
M	O	A	T	S	M	S	O	N	C	L	F	D	D
E	L	O	R	N	T	O	I	V	M	E	E	I	F
D	L	O	I	A	E	A	U	O	I	I	R	C	I
I	Y	L	C	Z	C	L	W	S	N	E	L	P	L
A	W	T	H	W	P	T	A	A	C	C	S	E	M
N	O	D	R	A	G	N	E	T	Y	I	I	P	A
R	O	T	O	Y	S	T	O	R	Y	O	M	N	L
A	D	S	N	A	Y	R	G	E	M	V	N	M	L

Solution on Page 357

APPARATUS

APPLIANCES

BATTERY

BLACKBERRY

BLUETOOTH

CAMERA

CELLULAR

COMPUTERS

CONTRAPTIONS

DEVICES

DOOHICKEY

DVD

ELECTRONICS

FLAT PANEL

GEEKS

GPS

INFRARED

INNOVATION

INSTRUCTIONS

IPOD

LAPTOP

MINIATURE

MUSIC

PLASMA

PORTABLE

SLEEK

SMALL

TECHNOLOGY

TOYS

TUNER

VIDEO

WALKIE TALKIE

Cool Gadgets

L	E	N	A	P	T	A	L	F	V	I	D	E	O
A	I	I	N	S	T	R	U	C	T	I	O	N	S
M	W	N	K	T	E	C	H	N	O	L	O	G	Y
I	F	M	F	L	P	O	T	P	A	L	H	C	S
N	N	Y	T	R	A	N	R	D	O	P	I	E	R
I	M	N	F	B	A	T	T	E	R	Y	C	L	E
A	B	U	O	A	L	R	E	N	U	T	K	L	T
T	P	L	S	V	P	A	E	I	P	B	E	U	U
U	O	P	U	I	A	P	C	D	K	C	Y	L	P
R	R	I	L	E	C	T	A	K	T	L	Z	A	M
E	T	I	H	I	T	I	I	R	B	O	A	R	O
C	A	M	E	R	A	O	O	O	A	E	Y	W	C
M	B	D	V	D	L	N	O	H	N	T	R	S	G
S	L	E	E	K	I	S	C	T	P	K	U	R	A
D	E	V	I	C	E	S	P	E	H	O	G	S	Y
P	L	A	S	M	A	L	L	G	S	K	E	E	G

Solution on Page 357

ARTHUR MILLER

ASSASSINS

BETRAYAL

BUS STOP

GARY SINISE

GORE VIDAL

HURLYBURLY

JULIE NEWMAR

LA TURISTA

MAME

MARTIN SHORT

MISS SAIGON

MY FAIR LADY

NO EXIT

NOEL COWARD

OEDIPUS REX

PAUL SORVINO

PICNIC

SAM SHEPARD

SAVAGE LOVE

THE CRUCIBLE

TOM STOPPARD

Broadway Stage

D	R	A	P	P	O	T	S	M	O	T	E	E	T
R	P	D	N	L	Y	P	E	O	W	S	Y	M	B
A	O	B	E	A	L	A	L	T	I	X	E	O	N
W	T	D	U	D	R	U	B	N	R	E	P	N	T
O	S	E	N	I	U	L	I	M	Y	R	O	C	V
C	S	V	O	V	B	S	C	A	D	S	J	M	D
L	U	O	G	E	Y	O	U	R	A	U	C	Q	R
E	B	L	I	R	L	R	R	T	L	P	I	S	A
O	E	E	A	O	R	V	C	I	R	I	N	N	P
N	T	G	S	G	U	I	E	N	I	D	C	I	E
A	R	A	S	S	H	N	H	S	A	E	I	S	H
E	A	V	S	I	E	O	T	H	F	O	P	S	S
G	Y	A	I	W	V	X	T	O	Y	T	U	A	M
K	A	S	M	A	M	E	L	R	M	L	K	S	A
I	L	A	T	U	R	I	S	T	A	H	G	S	S
L	R	E	L	L	I	M	R	U	H	T	R	A	A

Solution on Page 357

ASYMMETRY

BINOMIAL

COFACTOR

DENOMINATOR

DIFFERENTIAL

DISCONTINUOUS

DISTRIBUTIVE

DOMAIN

ECCENTRICITY

EVEN NUMBER

GREATER THAN

INEQUALITY

LINEAR

LOGIC

LONG DIVISION

MATRIX

MEAN

NUMERATOR

OCTAGON

ORDERED PAIR

POLYNOMIAL

POWER SERIES

RECIPROCAL

SCALAR

TRIGONOMETRY

Mathemagical

F	R	L	A	I	M	O	N	Y	L	O	P	D	Q
E	I	O	L	A	I	M	O	N	I	B	I	G	D
P	A	N	Y	R	T	E	M	M	Y	S	A	R	E
O	P	G	S	C	A	L	A	R	C	R	E	E	N
W	D	D	O	M	A	I	N	O	O	B	C	A	O
E	E	I	X	X	V	B	N	T	M	C	O	T	M
R	R	V	F	Q	I	T	A	U	E	C	F	E	I
S	E	I	N	F	I	R	N	N	T	I	A	R	N
E	D	S	P	N	E	N	T	A	X	G	C	T	A
R	R	I	U	M	E	R	G	A	I	O	T	H	T
I	O	O	U	V	I	O	E	X	M	L	O	A	O
E	U	N	E	C	N	L	I	N	E	A	R	N	R
S	E	V	I	T	U	B	I	R	T	S	I	D	M
L	K	T	I	N	E	Q	U	A	L	I	T	Y	E
C	Y	B	R	E	C	I	P	R	O	C	A	L	A
Y	R	T	E	M	O	N	O	G	I	R	T	L	N

Solution on Page 358

ACCESSORY
BASEBALL
BEANIE
BERET
BONNET
BOWLER
BRIM
CAPS
CLOTHING
COVERING
COWBOY HAT
CROWN
DERBY
DESIGN
FASHION
FEDORA
FELT
HARD HAT
HEAD
HELMET
HOOD
PANAMA
SHADE
SOMBRERO
STRAW HAT
STYLE
SUN
SWEATBAND
TOP HAT
TURBAN
VISOR

Hats Off

T	O	T	E	M	L	E	H	Z	W	M	O	D	N
L	P	L	Z	D	Y	G	U	U	U	E	I	C	B
O	O	E	G	N	I	R	E	V	O	C	B	R	V
G	S	F	T	A	H	Y	O	B	W	O	C	H	B
U	T	U	R	B	A	N	Y	S	W	Z	E	A	O
C	G	J	F	T	R	D	N	L	S	P	S	R	N
Z	A	Y	D	A	D	H	E	A	D	E	E	Z	S
G	U	P	E	E	H	R	P	R	B	R	C	V	T
S	X	C	S	W	A	G	Y	A	B	I	U	C	R
F	H	R	I	S	T	N	L	M	I	Y	K	W	A
T	O	O	G	E	C	L	O	T	H	I	N	G	W
E	O	W	N	L	F	S	E	I	N	A	E	B	H
R	D	N	U	Y	T	T	O	P	H	A	T	H	A
E	O	A	S	T	S	T	A	V	I	S	O	R	T
B	W	T	H	S	V	P	A	N	A	M	A	L	U
O	J	P	A	S	D	F	A	R	O	D	E	F	W

Solution on Page 358

ACID-FREE
ART
BAGS
BOOKS
CARBON
CELLULOSE
CUT
ENVELOPE
FIBER
GLOSSY
INK
JOURNAL
LETTERS
LINES
MONEY
NEWSPAPER
NOTEBOOK
PACKAGING
PAGES
PAINTING
PAPER MILL
PAPYRUS
PEN
PRINTING
PULP
REAM
RECYCLE
SANDPAPER
SHEET
STATIONERY
THIN
TISSUE
TREE
WALLPAPER
WEIGHT
WHITE
WOOD
WRAPPING
WRITING

Paper

K J S R E A M E J D O O W J
N O J T E N V E L O P E G T
I A O P A P E R M I L L N B
T M U B A T A F T Z P C I O
H O R Q E P I P I R R Y T O
G N N J S T Y O S B E C N K
I E A G O R O R N W E E I S
E Y L N L E E N U E E R A G
W S S I U U P P R S R N P N
R S E G L S T F A S D Y N I
I O G A L S D R E P R W O P
T L A K E I K N A C L I B P
I G P C C T I P U L P L R A
N S G A B L E T T E R S A R
G N E P P R I N T I N G C W
N W H I T E E H S N I H T D

Solution on Page 358

ACOUSTIC

BANJO

BOWED

CELLO

CHORD

DULCIMER

ELECTRIC

FIDDLE

GUITAR

HARP

INSTRUMENT

KACAPI

KOTO

LUTES

LYRE

MANDOLIN

MUSICAL

OCTOBASS

PANDURA

PIANO

PLUCKED

REBAB

SITAR

TAMBURA

TANBUR

UKULELE

VIOLIN

ZITHER

String Instruments

A H K R S A R U B M A T J L
N N P E A N I L O D N A M Q
M H R E H T I Z E E R R V G
Z R C S S O I K M N U U G G
S A E I M F C U A W B D B V
Q T L M R U R T G C N N V D
A I L C I T S U O C A A N C
W S O F S C C I N B T P G N
J V E N H U L E C Q A T I J
S P I O K B D U L A P S U D
Y L R O N A I P D E L K S C
A D T A L R V E B Y U T E N
I O S J H I W A R L C F T K
V V R O R O N E E M K E U G
R E B A B J Z L R Z E B L Q
Y S N G O I E E L D D I F I

Solution on Page 358

ARTIFICIAL
BEVERAGE
BOTTLED
BUBBLES
CAFFEINE
CALORIES
CANNED
CARBONATED
COKE
CORN SYRUP
CREAM SODA
DEPOSIT
DIET
DR PEPPER
DRINK
FANTA
FIZZY
FLAVORS
FOUNTAIN
GINGER ALE
GLASS
GRAPE
ICED TEA
JUICE
LEMONADE
LITER
ORANGE
PEPSI
REFRESHING
ROOT BEER
SEVEN UP
SODA POP
SPRITE
STRAW
SUGAR
SWEET
TAB

Soft Drinks

D H S U G A R E T I L S C V
O R A N G E I C E D T E A P
W P U R Y S N R O C G P C U
S E B Y T G P E X A P O T N
R P O T E I D R R N K P I E
O S T R R N F E I E I A S V
V I T E E G V I N T T D O E
A Y L P E E P A C N E O P S
L Z E P B R U D U I A S E E
F Z D E T A N O B R A C D L
A I R P O L F S S S A L G B
N F I R O E W M J U I C E B
T G N D R E D A N O M E L U
A H K R E F R E S H I N G B
W A R T S E I R O L A C B A
E N I E F F A C E P A R G T

Solution on Page 359

ADVISORS

AMEX

ANNUITIES

ARBITRAGE

ASSET

BANKING

BULL MARKET

COMMODITY

DAY TRADER

EQUITY

EXERCISE

FIXED RATES

HEDGING

JUNK BONDS

MATURE

PENNY STOCKS

PLUMMET

PROFIT TAKING

PROSPECTUS

PUT

RALLY

RATE OF RETURN

REAL ESTATE

STOCK RATINGS

THE BIG BOARD

TREASURY BILLS

VALUE

VOLATILITY

WALL STREET

Investments

G T S E I T I U N N A W D H
N N R U T E R F O E T A R R
I Y I E S I C R E X E L A P
K T T K A E G K Q H H L O M
N I S I A S R N U K L S B J
A L U B D T U U I Y M T G U
B I T U V O T R T G T R I N
D T C L I C M I Y A D E B K
A A E L S K N M F B M E E B
Y L P M O R W Z O O I T H O
T O S A R A M E X C R L T N
R V O R S T E M M U L P L D
A A R K F I X E D R A T E S
D L P E N N Y S T O C K S P
E U N T E G A R T I B R A U
R E A L E S T A T E S S A T

Solution on Page 359

ADDRESS
BLOG
BROWSER
BUSINESS
CLICK
COMPUTER
CONTENT
DESIGN
DOCUMENT
DOMAIN
EBAY
EMAIL
FACEBOOK
FORUM
GAMES
GOOGLE
HOME PAGE
HOST
HTML
HTTP
HYPERLINK
IMAGES
INTERNET
LINKS
NETWORK
NEWS
ONLINE
PLAIN TEXT
SEARCH
SERVER
SITE
SOCIAL
URL
VIDEOS
VISIT
WEB PAGES
WWW

On the Web

W	D	G	U	B	R	T	H	F	Z	X	N	Q	E
D	E	Z	O	L	Y	H	E	T	P	E	Z	G	Y
H	T	M	C	O	N	T	E	N	T	X	A	A	V
S	E	M	A	G	G	M	N	W	R	P	B	U	I
M	S	O	C	I	A	L	O	I	E	E	L	Y	S
U	S	K	N	I	L	R	E	M	A	R	T	R	I
R	E	K	S	M	K	D	O	C	U	M	E	N	T
O	G	N	S	G	S	H	S	P	L	T	O	F	I
F	A	C	E	B	O	O	K	S	U	I	U	D	O
H	M	K	N	I	L	R	E	P	Y	H	C	N	Q
C	I	R	I	U	D	G	M	D	S	K	L	K	D
R	D	E	S	A	A	O	H	S	I	I	W	E	P
A	K	V	U	P	C	A	O	W	N	V	S	W	S
E	F	R	B	R	O	W	S	E	R	I	W	I	G
S	S	E	R	D	D	A	T	N	G	W	T	G	Y
J	W	S	S	P	L	A	I	N	T	E	X	T	E

Solution on Page 359

BEER

BITTERS

BLACK RUSSIAN

BLOODY MARY

BLUE LAGOON

BOURBON

CIDER

COSMOPOLITAN

GIN AND TONIC

GIN FIZZ

GRAND MARNIER

GROG

HIGHBALL

IRISH COFFEE

MAI TAI

MARTINI

MEAD

MULLED WINE

OLD FASHIONED

OUZO

ROB ROY

RYE

SCREWDRIVER

SHERRY

SHIRLEY TEMPLE

TOM AND JERRY

VODKA

WHISKEY SOUR

WHITE RUSSIAN

Drinks

H	S	C	R	E	W	D	R	I	V	E	R	T	Z
W	H	I	S	K	E	Y	S	O	U	R	E	E	B
H	C	Y	R	A	M	Y	D	O	O	L	B	T	L
I	I	H	E	I	N	I	T	R	A	M	O	E	U
T	N	A	I	S	S	U	R	K	C	A	L	B	E
E	O	E	N	Y	R	E	D	I	C	P	D	E	L
R	T	M	R	O	Y	E	Z	C	M	K	F	N	A
U	D	A	A	R	B	Z	T	E	I	F	A	I	G
S	N	I	M	N	I	R	T	T	O	R	S	W	O
S	A	T	D	F	D	Y	U	C	I	O	H	D	O
I	N	A	N	A	E	J	H	O	U	B	I	E	N
A	I	I	A	L	E	S	E	Z	B	R	O	L	V
N	G	O	R	G	I	M	O	R	A	O	N	L	O
M	V	I	G	R	S	H	E	R	R	Y	E	U	D
Z	H	H	I	G	H	B	A	L	L	Y	D	M	K
S	C	O	S	M	O	P	O	L	I	T	A	N	A

Solution on Page 359

ABC
BASIC
BILL
BOX
BROADCAST
CBS
CHANNELS
CHARTER
CINEMAX
COAXIAL
COMCAST
COMEDY
DIGITAL
DISCOVERY
ESPN
EXPENSIVE
FCC
FEES
FOX
HBO
LINEUP
MOVIES
MSNBC
MTV
NETWORKS
NEWS
PACKAGES
PREMIUM
PROGRAMS
PROVIDER
REMOTE
SATELLITE
SERVICE
SHOWTIME
SPORTS
STATION
TBS
TELEVISION
TNT
VERIZON

Cable Television

M	E	T	I	L	L	E	T	A	S	B	C	L	B
O	L	R	E	T	R	A	H	C	W	L	A	A	C
V	I	Y	L	L	I	B	R	T	N	T	S	M	B
I	N	F	S	A	E	D	E	P	I	I	K	U	N
E	E	E	W	I	V	V	D	G	C	M	R	I	S
S	U	E	E	X	I	Y	I	M	T	V	O	M	M
E	P	S	N	A	S	D	V	S	D	B	W	E	S
R	R	H	O	O	N	E	O	I	I	R	T	R	E
V	O	O	Z	C	E	M	R	H	S	O	E	P	T
I	G	W	I	I	P	O	P	L	C	A	N	S	O
C	R	T	R	N	X	C	E	C	O	D	O	P	M
E	A	I	E	E	E	N	F	B	V	C	I	O	E
F	M	M	V	M	N	O	W	B	E	A	T	R	R
A	S	E	G	A	K	C	A	P	R	S	A	T	F
T	B	S	H	X	O	B	H	R	Y	T	T	S	O
Z	Z	C	O	M	C	A	S	T	N	P	S	E	X

Solution on Page 360

ACTIVITIES
ADVICE
BASSINET
BEHAVIOR
BLANKET
BOO BOO
BOUNCING
BUNDLE
BURP
CAR SEAT
COO
CRY
DAYCARE
DEPENDANT
DIAPERS
GIGGLE
GOO GOO
GRIN
HIGH CHAIR
INFANT
LAUGHTER
LITTLE
MAMA
MOTHER
NUTRITION
PACIFIER
PEDIATRICIAN
POWDER
RELATIVES
SIBLINGS
SPIT UP
STROLLER
TEETHING
TODDLER
TOYS
TRIPLETS

Having a Baby

T	S	T	E	L	P	I	R	T	P	R	U	B	S
N	T	P	U	T	I	P	S	Y	O	T	L	P	R
A	R	E	L	A	T	I	V	E	S	A	A	B	E
F	O	D	A	D	V	I	C	E	N	H	U	C	P
N	L	I	M	E	B	K	T	K	M	N	G	E	A
I	L	A	A	P	S	O	E	A	D	B	H	R	I
R	E	T	M	E	G	T	U	L	E	A	T	A	D
E	R	R	R	N	N	I	E	N	E	S	E	C	F
D	E	I	I	D	I	U	G	L	C	S	R	Y	Y
W	H	C	A	A	L	E	T	G	R	I	N	A	R
O	T	I	H	N	B	T	T	R	L	N	N	D	C
P	O	A	C	T	I	V	I	T	I	E	S	G	P
O	M	N	H	L	S	G	N	I	H	T	E	E	T
G	O	O	G	O	O	B	E	H	A	V	I	O	R
P	A	C	I	F	I	E	R	B	O	O	B	O	O
J	S	O	H	T	O	D	D	L	E	R	E	J	N

Solution on Page 360

ALASKA
ARKANSAS
CALIFORNIA
COLORADO
DELAWARE
HAWAII
IDAHO
ILLINOIS
IOWA
KENTUCKY
LOUISIANA
MAINE
MARYLAND
MICHIGAN
MINNESOTA
MISSISSIPPI
MISSOURI
NEBRASKA
NEVADA
NEW JERSEY
NEW MEXICO
NEW YORK
OHIO
OKLAHOMA
OREGON
PENNSYLVANIA
SOUTH DAKOTA
TENNESSEE
TEXAS
UTAH
WASHINGTON
WISCONSIN

States

A	D	A	V	E	N	D	N	A	L	Y	R	A	M
A	T	O	K	A	D	H	T	U	O	S	S	N	I
O	I	C	O	L	O	R	A	D	O	N	A	A	S
J	H	N	E	W	J	E	R	S	E	Y	D	I	S
W	S	A	A	Z	E	B	D	W	N	C	P	S	O
A	A	K	D	V	T	E	M	O	X	P	M	I	U
K	S	S	C	I	L	E	S	M	I	I	N	U	R
S	N	A	H	A	X	Y	I	S	C	H	S	O	I
A	A	L	W	I	L	N	S	H	E	A	O	L	Y
R	K	A	C	H	N	I	I	N	X	N	L	O	K
B	R	O	A	E	S	G	F	E	N	I	N	R	C
E	A	T	S	S	A	Z	T	O	N	E	U	E	U
N	U	O	I	N	E	W	Y	O	R	K	P	G	T
I	T	M	H	A	W	A	I	I	N	N	L	O	N
A	W	O	I	W	I	S	C	O	N	S	I	N	E
M	J	R	X	X	O	K	L	A	H	O	M	A	K

Solution on Page 360

ACTION
ATOMS
BODIES
CALCULUS
DIRECTION
DYNAMICS
ENERGY
EQUATIONS
FORCES
GALAXIES
GALILEO
GRAVITY
INERTIA
KEPLER
KINETIC
LAWS
LIGHT
LIQUIDS
MACHINERY
MASS
MATH
MECHANICS
MOMENTUM
NEWTONIAN
PARTICLES
PHYSICS
POSITION
PROJECTILE
RELATIVITY
SPEED
STUDY
TECHNOLOGY
THEORY
TIME
VELOCITY
WORK

Classical Mechanics

L	R	Y	P	H	Y	S	I	C	S	C	H	B	F
I	W	O	R	K	D	I	R	E	C	T	I	O	N
Q	I	S	N	O	I	T	A	U	Q	E	R	D	L
U	S	N	G	D	E	E	P	S	L	C	Z	I	A
I	E	V	A	Y	O	H	W	I	E	H	S	E	W
D	L	K	L	I	G	H	T	S	V	N	C	S	S
S	C	E	I	R	N	C	P	C	M	O	I	Y	C
H	I	P	L	Y	E	O	A	U	S	L	N	T	I
A	T	L	E	J	S	L	T	S	V	O	A	I	M
I	R	E	O	I	C	N	A	W	I	G	H	V	A
T	A	R	T	U	E	M	I	T	E	Y	C	A	N
R	P	I	L	M	M	A	C	H	I	N	E	R	Y
E	O	U	O	X	M	A	T	H	U	V	M	G	D
N	S	M	O	T	A	G	A	L	A	X	I	E	S
I	S	T	U	D	Y	V	E	L	O	C	I	T	Y
A	C	I	T	E	N	I	K	E	N	E	R	G	Y

Solution on Page 360

ABALONE
ALGAE
BACTERIA
BALEEN
CAVIAR
CETACEAN
CLAMS
COPEPODS
CORAL
CRAB
DETRITUS
DIATOMS
DIVER
DOLPHIN
EEL
EGGS
HUMPBACK
KRILL
MARLIN
MOLLUSK
NARWHAL
NAUTILUS
OCTOPUS
OYSTERS
PORPOISE
SALMON
SCALLOPS
SEA LIONS
SEA OTTER
SEAWEED
SHARK
SHRIMP
SPONGES
SQUID
STARFISH
STURGEON
SUBMARINE
SWORDFISH
TUNA

Marine Wildlife

D I U Q S F G C R A B S N E
A D E E W A E S I O P R O P
S E A O T T E R S H M A M K
E E N I R A M B U S I I L R
G G U L L A A A P I R V A A
N G T I R C K B O F H A S H
O S O L T E C A T D S C N S
P N I E C T A L C R O L O M
S N R O K A B O O O Y A E O
C I R R L C P N L W S H G L
A A I G L E M E G S T W R L
L L A A P A U D I V E R U U
L E M O C N H S I F R A T S
O S D E T R I T U S S N S K
P S U L I T U A N E E L A B
S M O T A I D O L P H I N N

Solution on Page 361

APARTMENTS
BOARD
BUILDING
BYLAWS
CITY
COMMUNITY
COMPLEX
CONDO
DWELLING
ELEVATOR
FACILITIES
FEES
FLAT
FLORIDA
HALLWAYS
HOMEOWNERS
HOUSING
LANDLORD
LEASE
LEGAL
LOFT
MORTGAGE
NEIGHBOR
OWNERSHIP
POOL
PROPERTY
RENTAL
RESIDENT
SELL
STRUCTURE
TENANT
TIME SHARE
TOWNHOUSE
UNITS
VIEW

Condominium

J L E G A L X E L P M O C H
U N I T S A T N A N E T W S
B T A R O T A V E L E N E E
E U A P F N R B G S C E I L
G Y I L A E L U E O O D V L
A N T L F R E I C P M I Z O
G H I I D Q T S S T M S W O
T A I L C I S M R O U E S P
R L D B L O N O E W N R N R
O L I I O E N G N N I A E O
M W C S R A W D W H T H I P
L A N D L O R D O O Y S G E
F Y E S A E L D E U L E H R
M S W A L Y B F M S O M B T
P I H S R E N W O E F I O Y
O V G N I S U O H B T T R S

Solution on Page 361

ASTEROID

BLACK HOLE

CELESTIAL

COMET

CONSTELLATION

COPERNICUS

EMPTINESS

INTERSTELLAR

KEPLER

LAUNCH

LIGHT SPEED

LIGHT YEAR

METEOR

MILKY WAY

MOON

NOVA

OBSERVATORY

ORBIT

PLANETARIUM

QUASAR

REFRACTOR

SOLAR FLARES

SOLAR WIND

SPACE

SUNSPOTS

TELESCOPE

UFO

VACUUM

VIEWFINDER

WHITE DWARF

Look at the Stars

R	L	I	G	H	T	Y	E	A	R	D	F	S	V
Y	R	O	T	C	A	R	F	E	R	R	R	T	A
T	E	L	E	S	C	O	P	E	D	A	A	O	C
U	D	E	E	P	S	T	H	G	I	L	W	P	U
E	L	O	H	K	C	A	L	B	O	L	D	S	U
S	C	S	C	V	A	V	O	N	R	E	E	N	M
E	O	O	N	L	I	R	V	G	E	T	T	U	I
M	M	L	U	O	R	E	D	T	T	S	I	S	L
P	E	A	A	A	R	S	W	V	S	R	H	S	K
T	T	R	L	R	I	B	K	F	A	E	W	P	Y
I	E	W	D	U	F	O	I	T	I	T	D	A	W
N	O	I	T	A	L	L	E	T	S	N	O	C	A
E	R	N	O	O	M	N	A	A	H	I	D	E	Y
S	D	D	Q	U	A	S	A	R	E	L	P	E	K
S	S	C	O	L	A	I	T	S	E	L	E	C	R
N	C	O	P	E	R	N	I	C	U	S	U	R	F

Solution on Page 361

APPLIANCES
AUTOMOTIVE
BEDDING
BUSINESS
CATALOG
CHAIN
CHICAGO
CLOTHING
CRAFTSMAN
CREDIT
DEPARTMENT
FURNITURE
HARDWARE
HOUSEWARES
JEWELRY
KENMORE
KMART
LAWN MOWER
MAIL ORDER
MALLS
MOWERS
OLD
PAINT
REPAIR
RETAILER
ROEBUCK
SALES
SERVICE
SHOPPING
STORES
SUPPLIES
TOOLS
TOWER
TOYS
WISHBOOK

Sears

T	R	A	M	K	E	R	U	T	I	N	R	U	F
N	T	J	C	O	R	E	L	I	A	T	E	R	R
B	O	S	H	O	P	P	I	N	G	S	D	R	O
G	Y	S	I	B	S	G	T	I	D	E	R	C	E
O	S	E	C	H	R	N	S	F	P	H	O	T	B
L	E	N	A	S	E	I	E	A	E	O	L	O	U
A	C	I	G	I	W	H	R	P	C	U	I	W	C
T	N	S	O	W	O	T	O	A	I	S	A	E	K
A	A	U	T	O	M	O	T	I	V	E	M	R	B
C	I	B	L	E	N	L	S	N	R	W	A	A	E
H	L	D	N	F	W	C	U	T	E	A	L	W	D
A	P	T	R	I	A	P	E	R	S	R	L	D	D
I	P	S	E	I	L	P	P	U	S	E	S	R	I
N	A	S	O	H	C	R	A	F	T	S	M	A	N
J	E	W	E	L	R	Y	S	A	L	E	S	H	G
S	L	O	O	T	E	R	O	M	N	E	K	D	N

Solution on Page 361

ABITA SPRINGS
ADDIS
ATHERTON
BALDWIN
BLOOMSBURG
BRIDGE CITY
CANAAN
CARENCRO
DANVILLE
FORDOCHE
FRIERSON
GRAFTON
HEMPSTEAD
IDAHO
LYLE
MILFORD
PORT FOURCHON
PORTOLA VALLEY
SAUGERTIES
SILVER CITY
SOLDOTNA
STONEWALL
UNIONTOWN
WASHINGTON
WESTMINSTER
WILSON CREEK
WOODSIDE

Little Towns

Y	P	F	S	A	U	G	E	R	T	I	E	S	T
T	E	O	S	B	L	O	O	M	S	B	U	R	G
I	V	L	R	I	U	N	I	O	N	T	O	W	N
C	Y	E	L	T	A	N	T	O	D	L	O	S	O
E	H	H	W	A	F	E	O	Z	G	L	G	W	T
G	E	C	E	S	V	O	D	T	Q	Y	I	G	G
D	M	O	S	P	S	A	U	I	R	L	D	R	N
I	P	D	T	R	I	N	L	R	S	E	A	A	I
R	S	R	M	I	L	Z	O	O	C	D	H	F	H
B	T	O	I	N	V	I	N	S	T	H	O	T	S
A	E	F	N	G	E	C	T	K	R	R	O	O	A
L	A	L	S	S	R	N	Y	D	A	E	O	N	W
D	D	I	T	E	C	A	N	A	A	N	I	P	Q
W	D	M	E	K	I	C	A	R	E	N	C	R	O
I	I	K	R	S	T	O	N	E	W	A	L	L	F
N	S	N	A	E	Y	E	L	L	I	V	N	A	D

Solution on Page 362

AL DENTE
ALFREDO
ANTIPASTO
ARTICHOKES
BELL PEPPERS
BOLOGNESE
ESPRESSO
GELATO
GNOCCHI
HERBS
LASAGNA
MINESTRONE
MOZZARELLA
OLIVE OIL
OREGANO
PANINI
PESTO
PIZZA
POLENTA
POTATOES
RAVIOLI
RESTAURANT
RICOTTA
SAUCES
SAUSAGE
SPAGHETTI
TIRAMISU
TOMATO SAUCE
TORTELLINI
TRADITIONAL
VARIATION
VEAL

Italian Food

E G A S U A S E O T A T O P
P E S E N G O L O B R A G G
A A T N E L O P S A A N T E
N O O O T S E P D L O T I L
I L M R R B L I F C B I R A
N I A T A T T R C E H P A T
I V T S I I E H L T A A M O
T E O E O D I L N I L S I R
T O S N O V P A L L D T S E
E I A I K E R O E I E O U G
H L U M P U I R U S N K W A
G S C P A V A R I A T I O N
A B E T A Z E S P R E S S O
P R S R Z A N G A S A L K B
S E K O H C I T R A Z Z I P
R H M A T T O C I R V E A L

Solution on Page 362

APPRENTICE
APRON
BAKE
BURN
CATERING
COOKING
CREATE
CUISINE
CULINARY
DESSERT
DINNER
DISHES
EXECUTIVE
FOOD
FRENCH
GRILL
HAT
HEAD
HOTELS
KITCHENS
KNIVES
LINE COOK
MEAT
MENU
ORDER
OVEN
PANTRY
PASTRY
PLATING
POT
PREPARE
PROFESSION
RESTAURANT
SALAD
SKILLED
SOUS
SPECIAL
TRAINING
UNIFORM

Professional Chef

S	P	E	C	I	A	L	X	H	G	S	O	U	S
Y	R	T	N	A	P	R	O	N	N	Y	F	K	G
Y	R	T	S	A	P	E	L	L	I	R	G	B	T
S	O	R	D	E	R	N	V	E	K	A	B	O	M
K	I	T	C	H	E	N	S	E	O	N	P	V	M
I	T	R	F	A	N	I	R	V	O	I	W	E	T
L	E	E	L	T	T	D	E	I	C	L	N	N	M
L	E	S	I	U	I	Y	S	T	B	U	R	N	R
E	R	S	N	N	C	S	T	U	G	C	G	P	C
D	A	E	E	I	E	E	A	C	N	R	C	L	S
I	P	D	C	F	F	V	U	E	I	E	U	A	M
S	E	L	O	O	R	I	R	X	N	A	I	T	B
H	R	R	O	R	E	N	A	E	I	T	S	I	O
E	P	D	K	M	N	K	N	K	A	E	I	N	E
S	A	L	A	D	C	A	T	E	R	I	N	G	H
S	L	E	T	O	H	M	E	A	T	H	E	A	D

Solution on Page 362

ASTEROIDS
ASTRONAUTS
ATMOSPHERE
COLONY
EXPANSION
EXPENSIVE
EXPLORATION
FUTURE
GALAXY
GREENHOUSE
HABITATION
HUMANS
JUPITER
LUNAR OUTPOST
MARS
MOON
RADIATION
ROCKETS
SETTLEMENT
SOLAR ENERGY
SOLAR SYSTEM
SPACE PROGRAM
SPACE STATION
SPACESHIP
TECHNOLOGY
TRANSPORTATION
VENUS
WATER

Space Colonization

A	K	D	N	O	I	T	A	R	O	L	P	X	E
T	E	X	P	E	N	S	I	V	E	U	T	X	W
M	R	E	T	I	P	U	J	S	S	N	P	M	W
O	M	A	G	F	U	T	U	R	E	A	A	T	V
S	E	R	N	K	A	O	A	M	N	R	S	E	N
P	T	O	G	S	H	M	E	S	G	O	N	O	O
H	S	C	E	N	P	L	I	O	L	U	I	T	I
E	Y	K	E	D	T	O	R	A	S	T	N	E	T
R	S	E	L	T	N	P	R	D	A	P	O	C	A
E	R	T	E	O	E	E	I	T	M	O	I	H	T
G	A	S	O	C	N	O	S	I	A	S	T	N	I
A	L	M	A	E	R	E	T	A	W	T	A	O	B
L	O	P	R	E	C	O	L	O	N	Y	I	L	A
A	S	G	T	A	H	U	M	A	N	S	D	O	H
X	Y	S	P	A	C	E	S	H	I	P	A	G	N
Y	A	S	T	R	O	N	A	U	T	S	R	Y	G

Solution on Page 362

AIRCRAFT

ANT FARM

ASSEMBLY

BALLS

BARBIE

BLOCKS

BRATZ

DOLLS

FIGURES

FRISBEE

GAME

HOT WHEELS

HULA HOOP

JACKS

KEN

LEGO

MARBLES

NERF

POGO STICK

PUZZLE

STUFFED

TEDDY BEAR

TINKERTOY

TOY CARS

TRUCKS

WEBKINZ

WHISTLES

F	N	X	D	O	L	L	S	A	A	S	N	B	Z
R	I	Y	Z	G	D	L	N	U	I	E	Z	F	U
I	S	R	Y	D	L	W	Y	A	R	R	N	O	G
S	E	R	L	A	A	N	T	F	A	R	M	N	J
B	L	A	B	S	E	R	U	G	I	F	S	W	P
E	B	E	M	T	O	Y	C	A	R	S	T	H	V
E	R	B	E	R	N	K	K	Z	C	B	U	I	K
L	A	Y	S	H	E	C	N	X	R	L	F	S	F
Z	M	D	S	F	W	I	X	L	A	O	F	T	S
Z	D	D	A	M	K	T	F	H	F	C	E	L	K
U	K	E	N	B	J	S	O	X	T	K	D	E	C
P	S	T	E	A	B	O	M	H	D	S	V	S	U
N	S	W	C	R	P	G	F	L	H	E	W	C	R
U	P	K	A	B	Y	O	T	R	E	K	N	I	T
M	S	T	T	I	C	P	O	T	J	G	T	T	N
B	Z	N	F	E	M	A	G	B	F	X	O	N	I

Solution on Page 363

AEOLUS
APOLLO
APPIAS
ARES
ARTEMIS
ATHENA
AURORA
AUSTER
BOREAS
CINXIA
CUBA
CURTIUS
EOS
ERIS
FAUNS
FERENTINA
FLORA
FORTUNA
HECATE
HERCULES
HESPERA
HIPPONA
ITALUS
JANUS
JUPITER
LAVERNA
LIBERA
LUCIFER
MARS
MORS
NEPTUNE
NOTUS
PAX
SATURN
SOL
TRIVIA
VENUS
VESTA
VIRTUS
ZEPHYR

Mythology

B	S	K	L	L	A	V	E	R	N	A	A	O	X
J	X	A	R	O	R	U	A	R	E	S	I	R	A
O	A	J	S	U	T	R	I	V	I	A	X	E	B
U	P	N	U	N	E	P	T	U	N	E	N	T	U
E	Z	S	U	P	M	S	U	L	A	T	I	S	C
T	E	I	R	S	I	J	R	E	F	I	C	U	L
A	P	P	I	A	S	T	A	S	S	A	R	A	L
C	H	K	N	E	M	E	E	O	U	T	A	P	A
E	Y	N	E	R	G	A	L	R	I	T	R	E	R
H	R	R	H	O	V	A	N	U	T	R	O	F	E
M	I	U	I	B	R	O	S	A	C	L	L	N	B
S	E	T	P	E	L	E	N	N	U	R	F	Y	I
R	F	A	P	L	U	E	O	S	U	N	E	V	L
O	G	S	O	A	H	V	E	S	T	A	H	H	N
M	E	P	N	T	L	U	W	W	H	V	F	P	H
H	A	X	A	F	E	R	E	N	T	I	N	A	U

Solution on Page 363

AGES
AMERICAN
ANCIENT
ART
BOOKS
CIVIL WAR
CLASS
COUNTRIES
CULTURE
ERA
EVENTS
GOVERNMENT
HISTORIANS
KINGS
KNOWLEDGE
LEARNING
LESSONS
MILITARY
MODERN
MUSEUM
NARRATIVE
NATIONAL
OLD
PAST
PEOPLE
PERIODS
POLITICS
PREHISTORY
RECORD
RELIGION
REVOLUTION
SCHOOL
STORIES
STUDY
TIME
WARS
WESTERN
WORLD

History

P	E	O	P	L	E	L	A	N	O	I	T	A	N
B	R	S	T	G	O	L	D	R	O	C	E	R	A
O	U	N	C	N	O	I	T	U	L	O	V	E	R
O	T	O	T	I	E	V	E	N	T	S	J	L	R
K	L	S	N	N	T	M	U	E	S	U	M	I	A
S	U	S	E	R	A	I	N	Y	P	O	H	G	T
G	C	E	I	A	W	G	L	R	D	Q	I	I	I
N	I	L	C	E	D	M	E	O	E	U	S	O	V
I	V	N	N	L	P	H	Y	S	P	V	T	N	E
K	I	N	A	C	I	R	E	M	A	P	O	S	W
C	L	A	S	S	A	S	M	Y	S	E	R	G	E
I	W	R	T	T	C	O	U	N	T	R	I	E	S
N	A	O	I	H	D	T	I	M	E	I	A	R	T
W	R	L	O	E	G	D	E	L	W	O	N	K	E
Y	I	O	R	J	G	W	O	R	L	D	S	R	R
M	L	N	X	S	T	O	R	I	E	S	A	G	N

Solution on Page 363

AFGHAN HOUND

AIREDALE

ALASKAN HUSKY

BASSET HOUND

BLOODHOUND

BOSTON TERRIER

BULL TERRIER

CHOW

COCKER SPANIEL

CORGI

DACHSHUND

FOX TERRIER

GREAT DANE

IRISH SETTER

JACK RUSSELL

MALTESE

MUTT

NEWFOUNDLAND

PEKINGESE

POINTER

POMERANIAN

POODLE

PUG

SCHNAUZER

SHIH TZU

ST BERNARD

TERRIERS

Doggies

J	G	L	L	E	S	S	U	R	K	C	A	J	Q
S	R	E	I	R	R	E	T	X	O	F	A	B	K
R	E	Z	U	A	N	H	C	S	G	W	O	H	C
B	A	L	A	S	K	A	N	H	U	S	K	Y	E
G	T	E	S	E	T	L	A	M	T	R	B	S	D
N	D	N	A	L	D	N	U	O	F	W	E	N	B
D	A	C	H	S	H	U	N	D	P	G	U	U	L
P	N	K	I	O	J	T	Q	O	N	O	L	I	O
O	E	H	U	X	E	P	M	I	H	L	G	G	O
O	L	N	E	R	O	E	K	T	T	U	M	R	D
D	D	M	R	I	R	E	E	E	P	M	N	O	H
L	E	I	N	A	P	S	R	E	K	C	O	C	O
E	E	T	N	P	S	R	S	H	I	H	T	Z	U
R	E	I	W	A	I	R	E	D	A	L	E	Q	N
R	A	O	B	E	S	T	B	E	R	N	A	R	D
N	K	B	R	E	T	T	E	S	H	S	I	R	I

Solution on Page 363

ATOMS
CALCULUS
CONCEPTS
EINSTEIN
ELECTRON
ENERGY
EXPERIMENT
FORMULA
GAS
GRAVITY
LAWS
LIGHT
MAGNETISM
MASS
MATTER
MECHANICS
MOMENTUM
MOTION
NATURE
NEWTON
NUCLEAR
PARTICLES
PHENOMENA
PHYSICAL
QUANTUM
QUARKS
RELATIVITY
RESEARCH
SCIENTIST
SPEED
STUDY
TECHNOLOGY
THEORY
UNIVERSE
VELOCITY

Physics Class

E	S	R	E	V	I	N	U	C	L	E	A	R	W
M	U	D	C	X	T	H	E	O	R	Y	M	D	R
A	L	I	G	H	T	Y	T	I	C	O	L	E	V
S	U	X	P	A	R	T	I	C	L	E	S	E	S
S	C	I	E	N	T	I	S	T	U	D	Y	P	K
N	L	P	Y	T	I	V	A	R	G	A	S	S	R
O	A	H	G	S	C	I	N	A	H	C	E	M	A
T	C	E	M	A	T	T	E	R	U	T	A	N	U
W	I	N	H	C	R	A	E	S	E	R	K	S	Q
E	S	O	Y	G	O	L	O	N	H	C	E	T	U
N	Y	M	S	I	T	E	N	G	A	M	I	P	A
E	H	E	X	P	E	R	I	M	E	N	T	E	N
R	P	N	I	E	T	S	N	I	E	S	R	C	T
G	L	A	W	S	E	L	E	C	T	R	O	N	U
Y	N	O	I	T	O	M	U	T	N	E	M	O	M
S	M	O	T	A	F	O	R	M	U	L	A	C	E

Solution on Page 364

ACCOUNTANT

ASSISTANTS

BLOCKBUSTER

BOMB

BOOM OPERATOR

BOX OFFICE

CARPENTER

CRITICS

DEADLINES

DOLLY GRIPS

DOUBLES

EXTRAS

FLOOR RUNNER

HAIRDRESSER

KEY GRIPS

LEADS

MEETINGS

OSCAR

PLOT

PROPS

RELEASE DATE

SCHEDULES

SCRIPT

STORYBOARD

STUDIO MANAGER

STUNTMAN

SUPPORTING

TECHNICIANS

Movie Makers

A	Y	R	B	D	R	A	O	B	Y	R	O	T	S
S	R	E	O	B	O	X	O	F	F	I	C	E	E
S	E	N	M	E	T	C	S	A	R	T	X	E	N
I	T	N	B	Q	A	S	C	C	T	O	L	P	I
S	N	U	X	G	R	T	A	C	E	S	B	Q	L
T	E	R	D	N	E	U	R	O	C	P	L	S	D
A	P	R	O	I	P	N	E	U	H	I	O	C	A
N	R	O	L	T	O	T	L	N	N	R	C	H	E
T	A	O	L	R	M	M	E	T	I	G	K	E	D
S	C	L	Y	O	O	A	A	A	C	Y	B	D	O
C	T	F	G	P	O	N	S	N	I	E	U	U	U
I	P	P	R	P	B	E	E	T	A	K	S	L	B
T	I	R	I	U	Y	R	D	M	N	G	T	E	L
I	R	O	P	S	L	E	A	D	S	M	E	S	E
R	C	P	S	G	N	I	T	E	E	M	R	R	S
C	S	S	R	E	S	S	E	R	D	R	I	A	H

Solution on Page 364

ALLEN GINSBERG

ARTHUR RIMBAUD

CARL SANDBURG

CLEMENT MOORE

CONRAD AIKEN

DYLAN THOMAS

EDMUND SPENSER

EE CUMMINGS

GARCIA LORCA

GERTRUDE STEIN

HART CRANE

HENRIK IBSEN

HERMANN HESSE

HOMER

HORACE

OVID

ROBERT FROST

ROBERT LOWELL

SHAKESPEARE

SYLVIA PLATH

TS ELIOT

VIRGIL

Poets

O	G	L	E	E	H	N	V	I	R	G	I	L	D
N	R	L	S	R	R	E	M	O	H	R	S	U	H
X	E	E	Y	A	S	S	R	N	E	U	A	T	E
G	B	W	L	E	G	B	O	E	D	B	M	J	R
A	S	O	V	P	N	I	B	K	M	D	O	T	M
R	N	L	I	S	I	K	E	I	U	N	H	O	A
C	I	T	A	E	M	I	R	A	N	A	T	I	N
I	G	R	P	K	M	R	T	D	D	S	N	L	N
A	N	E	L	A	U	N	F	A	S	L	A	E	H
L	E	B	A	H	C	E	R	R	P	R	L	S	E
O	L	O	T	S	E	H	O	N	E	A	Y	T	S
R	L	R	H	T	E	L	S	O	N	C	D	I	S
C	A	D	I	V	O	M	T	C	S	P	X	T	E
A	Q	E	R	O	O	M	T	N	E	M	E	L	C
N	N	I	E	T	S	E	D	U	R	T	R	E	G
H	A	R	T	C	R	A	N	E	C	A	R	O	H

Solution on Page 364

AESTHETIC
BASEBALL
BERMUDA
CARE
CUT
DIRT
EDGE
FERTILIZER
FLOWERS
FOOTBALL
GARDENS
GOLF
GRASSES
GREEN
GROW
HOME
HOUSE
INSECTS
IRRIGATE
LANDSCAPE
LAWN MOWER
MOWING
PARKS
PESTICIDE
PLANTING
SEEDS
SERVICE
SHRUBS
SOIL
SPRINKLER
SUMMER
TENNIS
TREES
TRIM
TURF
WATERING
WEED
YARD

Lawns

Y	H	L	Y	S	G	Z	B	T	H	B	F	K	Y
U	G	O	L	V	R	A	G	R	O	W	L	E	O
P	W	R	M	A	S	E	R	I	U	Y	O	B	N
H	E	I	A	E	B	S	W	D	S	S	W	E	T
H	D	S	B	S	T	T	E	O	E	F	E	R	F
K	P	A	T	C	S	H	O	E	M	N	R	M	E
Y	L	Q	E	I	V	E	R	O	D	N	S	U	R
L	A	S	Q	N	C	T	S	D	F	S	W	D	T
I	N	R	S	P	R	I	N	K	L	E	R	A	I
I	T	S	D	O	L	C	D	W	O	R	S	C	L
G	I	R	R	I	G	A	T	E	G	V	K	U	I
G	N	I	R	E	T	A	W	I	M	I	R	T	Z
R	G	I	R	H	L	A	N	D	S	C	A	P	E
E	G	A	W	S	H	R	U	B	S	E	P	D	R
E	C	L	I	O	S	I	N	N	E	T	G	Q	L
N	C	S	U	M	M	E	R	W	E	E	D	K	A

Solution on Page 364

BRIDGES
BRUSHING
CAVITIES
CHAIR
CLEANING
CROWNS
DECAY
DENTIST
DENTURES
DIAGNOSIS
DISEASES
DOCTOR
DRILLS
EXTRACTION
FEAR
FILLINGS
FLOSSING
FLUORIDE
GINGIVITIS
GUM
HEALTH
HYGIENISTS
MEDICINE
MOLAR
ORAL
PAIN
PATIENT
PLAQUE
PREVENTION
ROOT CANAL
SEDATION
SPIT
SURGERY
TOOTHACHE
TREATMENT

Dentistry

T	H	T	L	A	E	H	R	M	Y	A	C	E	D
S	U	R	G	E	R	Y	O	U	T	L	Y	D	I
I	S	L	S	O	M	G	O	G	R	P	A	I	N
T	N	S	T	N	O	I	T	N	E	V	E	R	P
N	W	C	P	D	P	E	C	I	A	S	H	O	O
E	O	A	L	I	A	N	A	S	T	E	C	U	O
D	R	V	A	S	T	I	N	S	M	R	A	L	I
C	C	I	Q	E	I	S	A	O	E	U	H	F	W
N	H	T	U	A	E	T	L	L	N	T	T	D	C
O	A	I	E	S	N	S	I	F	T	N	O	R	L
I	I	E	Z	E	T	Z	J	V	J	E	O	I	E
T	R	S	I	S	O	N	G	A	I	D	T	L	A
A	R	A	E	F	I	L	L	I	N	G	S	L	N
D	F	E	X	T	R	A	C	T	I	O	N	S	I
E	N	I	C	I	D	E	M	O	L	A	R	I	N
S	E	G	D	I	R	B	R	U	S	H	I	N	G

Solution on Page 365

AISLE

BRIDAL PARTY

BRIDESMAIDS

CANDLES

CHAPEL

CITY HALL

COUPLE

DRESSES

ENGAGEMENT

EVENT

EXPENSIVE

FAMILY

FATHER

FLOWER GIRLS

GOWN

HONEYMOON

INVITATIONS

KISS

LAW

MAID OF HONOR

MATRIMONY

MINISTER

PHOTOGRAPHS

PRIEST

RECEPTION

REHEARSAL

RINGS

TUXEDO

VEIL

VIDEO

VOWS

WEDDING CAKE

WEDDING DRESS

Getting Married

M R E C E P T I O N W O G Y
P A B S L R I G R E W O L F
R B T R E E V I S N E P X E
I R L R I S L C A N D L E S
E I A E I D S I O E D I V W
S D W H P M A E E R I N G S
T E E T H A O L R V N V X W
N S D A O T P N P D G I L M
E M D F T U C O Y A D T L I
M A I D O F H O N O R A A N
E I N C G A A M D D E T H I
G D G E R M P Y A E S I Y S
A S C V A I E E I X S O T T
G W A E P L L N S U I N I E
N O K N H Y O O L T K S C R
E V E T S R E H E A R S A L

Solution on Page 365

ADVERTISE
BOUTIQUE
BUSINESS
BUYERS
BUYING
CHECKOUT
CLOTHING
COMMERCE
CONSUMERS
CREDIT
CUSTOMERS
DELIVERY
DEPARTMENT
DISCOUNT
DISPLAYS
GOODS
ITEMS
KIOSK
MAIL
MALL
MANAGER
MARKETING
MONEY
OUTLETS
PRICING
PRODUCTS
PROFIT
PURCHASES
SALES
SELLING
SERVICE
SHOPPING
STORES
WHOLESALER

Retailing

S	E	L	L	I	N	G	N	I	P	P	O	H	S
P	R	O	F	I	T	N	U	O	C	S	I	D	T
D	U	Y	R	E	V	I	L	E	D	E	M	B	E
D	E	S	E	S	A	H	C	R	U	P	O	U	L
R	C	P	C	U	S	T	O	M	E	R	S	Y	T
S	R	M	A	K	M	O	N	E	Y	W	W	E	U
G	E	A	V	R	E	L	S	C	W	H	W	R	O
N	M	R	Q	S	T	C	U	D	O	R	P	S	P
I	M	K	V	E	I	M	M	L	Z	H	Y	B	R
Y	O	E	S	I	T	R	E	V	D	A	O	E	I
U	C	T	T	S	C	S	R	N	L	U	G	W	C
B	R	I	O	A	A	E	S	P	T	A	K	A	I
L	E	N	R	L	B	U	S	I	N	E	S	S	N
L	D	G	E	E	R	I	Q	A	S	D	O	O	G
A	I	R	S	S	D	U	M	A	I	L	I	U	L
M	T	A	C	H	E	C	K	O	U	T	K	Q	S

Solution on Page 365

BAR
BICYCLE
CLOSED
CYLINDER
DEADBOLT
DEVICE
DOOR LOCKS
ELECTRONIC
ENTRY
FASTENING
GUARD
KEYCARD
KEYCODE
LOCKSMITH
LUGGAGE
MAGNETIC
MASTER
MECHANICAL
METAL
OPEN
PADLOCK
PASSWORD
PICKING
PINLOCK
PREVENT
PRIVACY
PROTECT
RFID
SAFETY
SECRET
SECURITY
STEEL
THIEF
TUMBLER
TURN
VAULT
YALE

Lock Up

L E E T S Y V E M A S T E R
Q N C C P A D L O C K C I F
D T M A G N E T I C E E R I
O R R E D N I L Y C Y T E D
O Y C L H T I M S K C O L K
R C G K C O L N I P A R B E
L A C I N A H C E M R P M Y
O V G U D Y N R U T D D U C
C I N O R T C E L E S R T O
K R I T O I T L O B D A E D
S P K E W R N C U P E U F E
A V C R S U E Y X G E G K S
F A I C S C V C B R G N Y O
E U P E A E E I M E T A L L
T L M S P S R B A R L U G C
Y T H I E F P E D E V I C E

Solution on Page 365

ADOBE

BITS

BLUEPRINTS

BUNGALOW

CEILING FAN

CLEANUP

CONTRACTOR

COUNTERTOP

DRYWALL

DUCTS

FLOOR PLAN

FLOORING

FRAMING

GROUT

HAND TOOLS

INTERIORS

LATHE

LINOLEUM

LOG CABIN

PATCHING

PHILLIPS

PIPE CUTTER

PLASTER

PRIMER

SEWER

SHEETROCK

SIDING

SILICONE

STRAIGHT EDGE

TAPING

VENTILATION

WRENCH

New Construction

S S L O O T D N A H P F B P
R E T T U C E P I P L E U L
O B G N I M A R F O B P N I
I S I D I N G R O O O T G N
R C V T E R J R D T U S A O
E E L E S T P A R O T F L L
T G M E N L H E R C G Y O E
N N S I A T T G U N Q S W U
I I I N R N I D I L H H R M
P R L T U P U L C A B E E L
L O I O G N I P A T R E W L
A O C W R E N C H T H T E A
S L O G C A B I N T I R S W
T F N C O N T R A C T O R Y
E O E P H I L L I P S C N R
R G N I H C T A P A B K S D

Solution on Page 366

ANTIWAR

BAY OF PIGS

BERLIN WALL

BOB DYLAN

BREZHNEV

CHARLES MANSON

CIVIL RIGHTS

COUNTERCULTURE

DRUG CULTURE

EASY RIDER

ECOLOGY

HAIGHT ASHBURY

HIPPIES

LBJ

MALCOLM X

MOD

NIXON

ROBERT KENNEDY

ROCK AND ROLL

SAN FRANCISCO

SONNY AND CHER

THE AVENGERS

THE BEACH BOYS

TIE DYE

TIMOTHY LEARY

Remember the '60s

R	L	U	S	R	E	G	N	E	V	A	E	H	T
O	L	L	A	W	N	I	L	R	E	B	A	C	U
B	O	B	D	Y	L	A	N	C	X	I	I	N	S
E	R	T	A	B	W	I	O	M	G	V	O	M	O
R	D	I	J	C	X	L	L	H	I	S	O	T	N
T	N	E	N	O	O	O	T	L	N	D	H	S	N
K	A	D	N	G	C	A	R	A	R	E	E	G	Y
E	K	Y	Y	L	S	I	M	U	B	A	Z	I	A
N	C	E	A	H	G	S	G	E	S	K	X	P	N
N	O	M	B	H	E	C	A	Y	B	E	Z	F	D
E	R	U	T	L	U	C	R	E	T	N	U	O	C
D	R	S	R	L	H	I	P	P	I	E	S	Y	H
Y	U	A	T	B	D	R	A	W	I	T	N	A	E
Y	H	U	O	E	V	E	N	H	Z	E	R	B	R
C	R	Y	R	A	E	L	Y	H	T	O	M	I	T
E	S	A	N	F	R	A	N	C	I	S	C	O	P

Solution on Page 366

ASTRONOMY

BIKING

BIRD FEEDING

BIRDING

CAMPING

COMIC BOOKS

COOKING

CROCHET

DOLL MAKING

DRAWING

EMBROIDERY

GARDENING

GENEALOGY

HIKING

KITE FLYING

MODEL BUILDING

PAINTING

POETRY

READING

SCRAPBOOKING

STAINED GLASS

TRAVELING

WOOD CARVING

WOODWORKING

Hobbies

Y	Y	G	O	L	A	E	N	E	G	W	W	E	X
J	X	N	G	Y	M	O	N	O	R	T	S	A	Q
I	N	I	N	R	E	A	D	I	N	G	T	F	H
C	W	N	I	N	O	C	G	N	I	W	A	R	D
A	O	E	D	K	I	T	E	F	L	Y	I	N	G
M	O	D	E	L	B	U	I	L	D	I	N	G	N
P	D	R	E	C	H	G	Y	G	Y	T	E	N	I
I	C	A	F	O	I	N	Y	N	R	E	D	I	K
N	A	G	D	M	K	I	R	I	E	H	G	K	R
G	R	N	R	I	I	D	T	T	D	C	L	A	O
A	V	I	I	C	N	R	E	N	I	O	A	M	W
I	I	K	B	B	G	I	O	I	O	R	S	L	D
G	N	I	K	O	O	B	P	A	R	C	S	L	O
A	G	B	D	O	E	A	U	P	B	K	G	O	O
Z	G	N	I	K	O	O	C	X	M	C	K	D	W
D	I	T	B	S	G	N	I	L	E	V	A	R	T

Solution on Page 366

ACCENT
ARTIFICIAL
BRIGHT
BULBS
CANDLES
CEILING
DARK
DAYLIGHT
DIM
ELECTRICAL
FILAMENT
FIXTURE
FLOODLIGHT
FLOOR LAMP
GLOW
HALOGEN
ILLUMINATE
INDOOR
LAMPS
LANTERN
LED
LIGHT BULB
NATURAL
NEON
NIGHT
OUTDOOR
RECESSED
SCONCE
SEE
SHADOW
SHOW
SOLAR
SPOTLIGHT
STAGE
SUN
SWITCH
TRACK
VIEW
WATT
WIRING

Lighting

E	C	N	O	C	S	H	A	D	O	W	L	L	S
W	R	S	F	C	A	N	D	L	E	S	Z	A	B
O	E	U	P	L	V	I	E	W	P	L	G	R	L
L	T	H	T	M	O	R	O	O	D	N	I	U	U
G	A	Z	C	X	A	O	T	D	I	M	N	T	B
L	N	T	L	T	I	L	D	R	E	B	O	A	J
P	I	E	H	A	I	F	I	L	A	M	E	N	T
O	M	G	G	G	I	W	E	E	I	D	N	N	H
K	U	A	H	A	I	C	S	G	T	G	T	R	A
C	L	T	L	T	T	R	I	Y	H	D	H	E	L
A	L	N	D	R	B	S	B	F	G	Y	G	T	O
R	I	E	I	O	O	U	C	E	I	L	I	N	G
T	C	C	N	K	O	O	L	C	L	T	N	A	E
K	A	C	R	U	D	R	L	B	Y	U	R	L	N
L	R	A	L	O	S	E	E	F	A	T	T	A	W
U	D	R	E	C	E	S	S	E	D	W	O	H	S

Solution on Page 366

AIR
ANIMALS
ATMOSPHERE
COAL
COPPER
DEPLETION
EARTH
ECOLOGY
ECOSYSTEMS
ENERGY
FISH
FORESTS
FOSSIL
FUEL
GAS
GOLD
GREEN
IRON
LAKES
LAND
LIMITED
MANAGEMENT
MINERALS
MINING
NATURE
OCEANS
PETROLEUM
PROTECTION
RAIN FOREST
RENEWABLE
RIVERS
ROCKS
SILVER
SOIL
SOLAR
SUNLIGHT
WATER
WIND
WOOD

Natural Resources

D	E	T	I	M	I	L	Q	G	O	L	D	U	M
O	C	R	B	T	S	E	R	O	F	N	I	A	R
C	O	P	P	E	R	E	G	P	S	D	N	A	L
E	L	B	A	W	E	N	E	R	E	A	R	T	H
I	O	E	U	N	I	T	E	F	G	H	S	I	F
B	G	G	C	N	R	V	S	E	P	T	N	P	A
N	Y	O	I	O	I	M	M	K	S	K	A	R	Q
S	A	M	L	R	S	E	D	E	C	F	T	O	S
L	T	E	R	I	N	Y	R	I	A	O	U	T	O
A	U	H	A	T	M	O	S	P	H	E	R	E	I
M	W	E	G	X	F	C	Y	T	F	Z	E	C	L
I	A	N	O	I	T	E	L	P	E	D	G	T	S
N	T	E	W	W	L	A	K	E	S	M	A	I	O
A	E	R	O	M	I	N	E	R	A	L	S	O	L
T	R	G	O	H	S	S	U	D	N	I	W	N	A
V	G	Y	D	J	F	O	S	S	I	L	V	E	R

Solution on Page 367

ACCOMPANIMENT

ANDANTE

CHORUS

CLEF

CONCERT MASTER

CRESCENDO

DEVELOPMENT

DISSONANCE

ETUDE

FALSETTO

FERMATA

FINALE

FLAMENCO

FORTE

HARMONY

INSTRUMENTAL

INTERVAL

KEY SIGNATURE

LARGO

MARCHING BAND

MEASURE

ORCHESTRAL

QUARTET

QUINTET

RAP

RECITAL

REGGAE

RHYTHM

ROCK

TIME SIGNATURE

TREBLE

TUTEE

Musical Words

R	M	E	T	R	O	F	L	A	M	E	N	C	O
E	E	R	U	T	A	N	G	I	S	E	M	I	T
C	A	T	L	K	C	O	R	E	L	B	E	R	T
I	S	E	S	M	C	F	I	N	A	L	E	I	E
T	U	T	U	A	O	L	N	F	R	K	H	O	S
A	R	R	R	R	M	A	T	D	T	E	K	D	L
L	E	A	O	C	P	T	E	E	S	Y	E	N	A
R	Y	U	H	H	A	N	R	V	E	S	C	E	F
E	N	Q	C	I	N	E	V	E	H	I	N	C	E
G	O	Q	E	N	I	M	A	L	C	G	A	S	R
G	M	U	T	G	M	U	L	O	R	N	N	E	M
A	R	I	U	B	E	R	E	P	O	A	O	R	A
E	A	N	D	A	N	T	E	M	G	T	S	C	T
D	H	T	E	N	T	S	T	E	R	U	S	R	A
C	L	E	F	D	R	N	U	N	A	R	I	A	M
M	H	T	Y	H	R	I	T	T	L	E	D	P	L

Solution on Page 367

BURNT RIVER

CAMP

CHIMNEY ROCK

CORRIDOR

DEVILS GATE

DUNG

FORT BOISE

FORT HALL

FORT LARAMIE

FORT VANCOUVER

FREMONT

GREAT PLAINS

HORSE

INDIANS

KANSAS

LONE PINE TREE

MIGRATE

MISSOURI RIVER

MOUNTAIN MEN

OREGON TRAIL

OXEN

PACK

PLATTE RIVER

PRAIRIE

RED BUTTES

SCOTTS BLUFF

SOLITARY TREE

Pioneer Life

F	F	U	L	B	S	T	T	O	C	S	L	N	Q
E	O	L	L	A	H	T	R	O	F	I	F	J	R
T	R	R	N	E	X	O	R	S	A	R	O	P	E
A	T	R	T	G	D	R	E	R	E	C	R	L	V
G	B	E	B	V	I	T	T	M	H	A	T	A	I
S	O	V	E	D	A	N	O	I	R	M	L	T	R
L	I	I	O	R	O	N	M	G	E	P	A	T	T
I	S	R	G	G	T	N	C	S	D	A	R	E	N
V	E	I	E	N	E	Y	R	O	B	C	A	R	R
E	M	R	R	Y	K	O	R	I	U	K	M	I	U
D	O	U	R	A	H	J	T	A	T	V	I	V	B
G	L	O	N	E	P	I	N	E	T	R	E	E	D
C	C	S	P	R	A	I	R	I	E	I	J	R	U
K	A	S	I	N	D	I	A	N	S	Y	L	A	N
S	N	I	A	L	P	T	A	E	R	G	Q	O	G
B	U	M	O	U	N	T	A	I	N	M	E	N	S

Solution on Page 367

ASSONANCE
BALLAD
BEAUTIFUL
BOOKS
CLASSIC
COLLECTION
COUPLET
DRAMA
EPIC
FEELINGS
FREE VERSE
HAIKU
IAMBIC
LANGUAGE
LIMERICK
LINES
LITERATURE
LOVE
LYRICS
MEANING
METER
ODES
POETS
PROSE
READING
RHYMING
RHYTHM
ROMANCE
SIMILE
SONNET
STANZAS
STORY
TEXT
THOUGHTS
TONE
VERSES
WHITMAN
WORDS
WRITING

Poetic

H R E E S O R P O E T S N E
S E N I L I M E R I C K U P
P T O S E C N A M O R W W I
W E T C O B A L L A D R R C
F M E I F D E L I M I S I S
S E S R E V E E R F S B T T
P A E Y U C E S S T M E I O
R S S L T T G T H A C A N R
W S K I I E A G I S L U G Y
R O O M K N U R O F A T N L
H N O T Z O G N E E S I I D
Y A B A H U N S V T S F M R
T N S T K E A O V J I U Y A
H C X I T E L P U O C L H M
M E A N I N G N I D A E R A
T H S D R O W H I T M A N E

Solution on Page 367

Answers

H R S S U H T N A Y L O P S
M A E R E W O L F N U S D E
F T N E M E G N A R R A O I
E C I W U C Q P E X E S R N
Z E M O I O E L F N W H N O
I N A L L L D A X E O A E E
N S S F L U E N E D L I D P
N U S D A M L T O A F T L R
I S E L R B W D S F E T O I
A S J I Q I E A E F U E G M
S I W W L N I I G O Q S S R
O C R L D E S S O D S N R O
M R I R O A S Y L I A I O S
I A O S D E E S I L P O L E
M N O I T A N I L L O P O R
A I N E D R A G Y C A L C I

Blooming

R O O S T E R E G D A B M E
D S Y E W K A N G A R O O S
E T A L M A E S O O G N O M
N R R O R A N G U T A N T Y
A I G M M A R M O S E T A S
R C N V U L T U R E R K K G
C H I M P A N Z E E H C C O
R E T A E T N A T B I U O R
O X S L O T H S T E N H C I
C O U G A R N H O D O C O L
O T O R T O I S E L C D P L
D K N U M P I H C I E O O A
I H W A R T H O G W R O S R
L E L E N I R E V L O W S B
E I V L E R R I U Q S K U O
G O R F L L U B K W A H M C

Wildlife

P P K W Y V U E U V F H X R
W O P M X O I F D D O O F E
H W M I L K I N G E C C O D
O D H E A L T H Y H G Q C D
L E I G N I T S E V R A H U
E R U N A M A E R C E C I C
F A R M E R S C Y E H W P H
G N I S S E C O R P G R A S
C L V F R T X A T C O W S W
A S A A E T M L S D H A T B
T T A M F U N A U E R U U A
T A N V I B M C D G I C R R
L O F C E N T T N N K N E N
E G L W H S A O I E L S B L
F A C T O R Y S T R U G O Y
C U R D S L D E M M I K S E

Dairy

C R G B A H A T R E D F S S
A W E L T I X Q R O T O W X
B T P L E F W I D E R O B L
H S I D I E S B Y R U R U J
G U T E A E E V O L S S O S
G L Y V D L F W J Y T U S H
F Z D P U I G Y H J W O S A
N M I A T N E T N O C V E M
O E S N V G A E X N F R N E
I T G I P P R I A P S E D G
T H U C M P F X R E G N A A
A G S E E I J N Y E G X S R
L I T K Y H T A P M Y S Y H
E R U S A E L P R I D E V F
J F E I R G V L O N G I N G
P A C Z E S T R U H O P E H

Emotional

C L O C K S M I T H C H E F
O H X A P P R E N T I C E C
B T O O L S S E N I S U B A
B B I E W A T C H M A K E R
L S R E T N I A P S R A G P
E T I R O N W O R K E R D E
R O T C A R T N O C D T E N
E N S I D K F A F A L I L T
B E I N L D A M E L I S W E
M M N A I V R Y S B U A O R
U A I H U O C E S L B N N E
L S H C G N I N I A R T K H
P O C E S R E R O B A L H C
A N A M E L A U N A M A F T
Y G M Z M R O O F E R K C U
D E L L I K S J R E B R A B

Tradesman

O A S O R E D N O P L S W Y
P G U N S M O K E W S I E K
E T R I F L E M A N L D Z R
N S M I M A O R I D I S R E
R O D A Z N B E W H V P E J
A P G E V Z R I W T E S T S
N G C A A E L A X Y R E O N
G N K O W D R Y T E Y T O R
E I O D W K W I A X S T H O
R H S E U T C O C D T L S H
U C S R P S O U O K A E X G
T T A E A C T W H D B M I N
S I L S N X E Y N C L E S O
A H N O R E G N A R E N O L
P A R V D O D G E C I T Y P
K B U N K O D A R E P S E D

Westerns

S N E G O T I A T E A R N H
A Y U S E D R O C C A J I T
L T C O N V E R T I B L E E
E N C H R Y S L E R J T D S
S A D E N W O E R P A D A T
P R L T H U N D E R B I R D
E R P A Y M E N T E I R T R
R A I U M R G S D K T B R I
S W K V E B E M P C I Y A V
O O L B A R O A H I N H U E
N S A F E T Y R A T I N G R
D T U T A E E X G S F G A B
E X N T R O C S E H N L J A
H I A A U T O M A T I C O S
Y R M A C O R O L L A N S E
H O N D A G N I S N E C I L

Buying a Car

W A H T S N O W D R I F T I
G N I I K S N O W B A L L O
S P B C D S T C W A G S A V
E E E L E E N R N B N L S E
L C R O L F L O O O K U K R
I A N U C I I S W F L S C C
B L A D T E H S E S W H O O
O P T S C P H C H S L O R A
M E E R E O L O D I R E N T
W R I A V R T U S N N O D S
O I G E H L I N C N I G H E
N F L Y F M D T A S I W G L
S G O W E R L R W M E A P C
A V O E U A O Y V O R C H I
N U S N O W C A V E N O I C
D N S N O W F L A K E S D I

Wintry

A I B I M A N A W S T O B Z
I I N T N O I S N E C S A C
A V N O O R E M A C I A L K
M I O A B G U A E E T F S A
U Z R R Z A O U R K T A A L
V I W E Y N G R T W H N I A
S M A G G C A I I A E I N H
E B N S B L O T R C G K T A
L A D J E N A A E H A R H R
L B A O A M D N S A M U E I
E W N I G E R I A T B B L D
H E R N S E Z A M B I A E N
C A P E V E R D E J A C N U
Y O R A J N A M I L I K A R
E T D J I B O U T I R Y M U
S W A Z I L A N D N I N E B

Africa

Z T S I T R A L U P O P R T
N A I C I S U M T V J Y O E
A O U T R A G E O U S O M M
M V I D E O S A S A E U A A
O P R H A I R T T M H N N F
W S E E S A D D Y E T G C E
Y C O G G A L R L R O N E H
T T E N N N F E E I L I C T
A R I C G I I S J C C C C E
M N E R A W M S T A R N E L
O A N C B F R R P N N A N E
N W A O N E R I O O O D T P
S A P N D O L E T F P C R H
T R Y A N A C E K E R Q I O
E D C I S U M K C O R E C N
R S U P I Z Z A R A P A P E

Lady Gaga

I M R T R A N S M I T A L K
S R U A S T A T I O N S Q P
H E F S I M U L C A S T N Q
O N S R I N T E R N E T S B
R E I L E C A E O T D N A B
T T G R A Q V S P E P A T C
W S N R U I U H H N U U E N
A I A V E I D E O N R D L E
V L L C R F P I N A C I L T
E O E I D E T J E C Q E I W
S R S E V A W R I A Y N T O
R O U E L N O I T P E C E R
Q A N U Z V V R T O W E R K
A P D A M F E L B A C C F S
R O Y I I C H A N N E L I C
M A R G O R P U B L I C Z L

Radio Broadcasting

L N H G N U T E S T O A M Y
I R A O X G N O D N A H S H
A G E P N I M E Z G N A I J
O O S V R G A N S U C R N G
N B A H I E K N K R H W A N
I I N N E R M O N G O L I A
N D I A H N E I N D U H C I
G E H U N U A H E G D N U J
Q S C Y O U I N G R Y A F G
Z S H A N G H A I N N N N N
Y E L L O W S E A O A N O O
P R E S I D E N T T S U C L
Q T H A N D Y N A S T Y H I
M I N G S N O O H P Y T H E
I X N A A H S G N A H C D H
H A I N A N B E I J I N G M

Chinese

U C E L G E A R S H I F T E
N R M B I C R A B S S O R C
I A E I U O S W G A U S F N
C N S D R T K A C R S U U A
Y K E P N R R T D A T S N L
C R T R E E O E C C E P O A
L E U I S E F R N I E E I B
E C M D T R D B R N R N T V
L U M I A I E O S G I S A G
C M O N N M S T M H N I E N
Y B C G D S O T F E G O R I
C E C B E L L L E I T N C R
I N D C M R B E B M H E E U
R T C V E H I C L E L S R O
T A I L L I G H T I R E S T
S E K A R B T W S N I A H C

Ride a Bike

O R A L P H A D E C A Y H J
R E E C R O F G N I V I R D
O F L B C O L L I S I O N I
T L C E M E P O T O S I E F
C E I T C U L A S E R I U F
U C T A A T N E W T O N T R
D T R P T B R M R C H E R A
N I A A H O S I U A M R O C
O O P R O A M O C T T T N T
C N A T D N M I R F N I C I
R O H I E Y D M C P I A O O
E I P C R I Y O E M T E U N
P T L L A X I S I T A I L Q
U O A E Y A M P E R E S O D
S M N O I T C A R F E R S N
E D U T I L P M A B M P S A

Physical Science

M T J O H N M C E N R O E I
I R N I X D H S A M S R F S
C O K E M N R A F T I E C S
H L B I D M Y O Q F G V M A
A A I A M L Y E P X N A D G
E N T F S C I C L S I L E A
L D I V F E L T O L H D C E
C G E O S D L I L N A O O R
H A B L E U R I J L N R T D
A R R L L X W Y N S I O U N
N R E E B S S A S E T B R A
G O A Y U R U S V D R E F S
O S K N O Y O B L L A B R Z
V H E G D U B N O D M L L S
G V R O G E R F E D E R E R
G R E B D E N A F E T S T C

Tennis

K E L B U O D U M M Y C V F
H T R O N S O U T H A N D S
F A T R I C K S C O R I N G
L C L O C K W I S E A A U K
L I Y S T I U S P M U R T S
A L G G U K R X O A C Z N B
C P I L E E U N H G T P E U
N U M K N T D R E D I D M L
C D S T S S A E A R O E A C
O Q R A E E W R R A N A N H
M A E B G D E A T C T L R A
P W Y L D A S L S S E I U N
A N A E I P T C A R T N O C
S K L W R S L E V E L G T E
S E P K B I D D I N G J M K
I Y M I R E B B U R U O F D

Contract Bridge

S K I N N E R U S A E L P H
F A C E M T D E R I M D A O
K G M Y R E R U T L U C G T
A O L A O U E Y P P C G I P
W M N A T U R E E E O N R E
M A S A M T T C R R M I L C
O A E I E O R H F C P N U N
D F G M R O U A E E L A F O
E A M A L A S R C P E E I C
L Y E O Z H H A T T X M T L
S H C D I I R C I U I E U A
X C E O I G N T O A O V A S
E C N A G E L E N L N O E S
B E H O L D E R S P A L B I
G P R E T T Y T S E T N O C
L O O K S K H P E R S O N Q

Beautiful

A R S K E C I R P M U X F R
P I C T U R E A S E P I I C
O D R O L L C P S T E E H S
S T E M Y K E O N E R B X T
T E A L A L P S G R F G U I
M L S G I I O T I J O N S C
A K E C I V L C S V R I P K
R O K X C Q E A E G A L S C
K O E Y C A V R D U T I M C
O B T V S E N D Y F E A A Q
T S O C I M E S O Z D M L J
A D D R E S S R E T T E L P
H D K N Y L E T A L I H P I
R T T B G V L H O B B Y F Q
M P A P E R D O D X N L V C
U T Y R T N U O C A I V Y A

Stamp It

M C E E H C T A N E W C H C
V O Q N W E C X T X H D H K
C C N A O A E T K E I A S A
A O Y O R O E N Q W T E E I
M N L S N M B U O T E H T B
E I O V A G A L A C M T U A
N N M L I M A H E G O A H B
I O L A E L O H Y I U L C E
W I T G L O L Y E J N F S A
W M O S C H E E X L T A E V
O N S H U C E N O C A Z D E
M Y E I R O G U E R I V E R
O E N B I G H O R N N G S H
O T T I H C O M O H E I O E
A H P S A N I S A B E L T A
O S I C N A R F T S W A O D

National Forests

R T E R U T R A P E D Y D E
A D E E P S R I A Y A E L C
G S C J I T A R B W R A B N
N I O K D N D C N A N U T A
A T N R E A A U F I S C L N
H U N E N R R R M I X A E E
M R E T T U I R N S R L B T
E B C E I A E E W E A L R N
C O T M F T S N I N Y B O I
H P I I I S A T N A M U Y A
A R O T C E T E D L A T E M
N O N L A R S B O P C T V L
I P A A T A E S W R H O N I
C S D E I C I N G I I N O A
S Z T R O P R I A A N F C T
C A B I N S E G A R E V E B

Air Travel

E E L T T O B X Y L A T I A
S Y D N U G R U B R G V P M
O R V A R I E T A L E I W O
N R S M B J A V S F D N H R
Y E P E A J T L R E R T I A
V H A R V K H U C E Y A T W
W S R L A I I A E O S G E H
E R K O Y T N N L B H E T C
R A L T S T G E O P A O R N
C L I G I A R U Y I J T L E
S L N N P R Q P R A A W C R
K E G M A U O G Y S R N T F
R C A B E R N E T E A D E J
O H O T T A X I G R A P E S
C D G H S I N I F W C R W V
Y I E L D G L A S S C A S K

Speaking of Wine

C H I L D R E N S E L B A F
N P A R C H M E N T N M Y H
T O C N P U B L I S H E R S
I V I L L U S T R A T O R E
T I T T B E S T S E L L E R
L E S C A N A M L A Q S E O
E L A M I C E D Y E W E D T
P I L N E Y I L U S I R I S
A H O C C C E F C F O N T K
G P H L A L L R I I K E I O
E O C I F O A C M S T G O O
S I S M E P S F G V S R N B
S L P A R E N T I N G A A O
A B C X P D S E L F H E L P
Y I E V E I L E B E K A M C
N B S I M A G I N A T I V E

Bookworms

I G U A R D I A N S H I P S
P D N A T U R A L L A W F J
N O N H D E B E N T U R E H
O S E A R C H W A R R A N T
I N C B R N D O C K E T D A
T E O E N E E G R E S S E E
U G N A O G P C O A D X M D
C O S S I I P O S N O R U L
E T U C T L R N S N N E R U
S I L O A G O T E U O D R F
O A T R G E R R X L D R A G
R T A P I N A A A M R O L N
P I T U T T T C M E A G M O
P O I S I R A T I N P A G R
L N O O L O E S N T H G Y W
P S N O I T A R E B I L E D

Lawyer Talk

E S O N O O T R A C O R A L
I S F E E R X Q Y E N D Y S
V K Y E N R U O J R J S E N
O R E H T A F E N O M E N A
M A B A R R A C U D A R S C
H H G I L L S C C I L U I I
Y S U K R D H U L N O T D L
P M U A N I M A T I O N L E
T I D R L A R U W L H E L P
S Y X D C T T I K R C V U J
I D R A S M U H C A S D G A
T E T U R T L E S M F A A N
N M A S S W I M M I N G E C
E O G M O J E L L Y F I S H
D C W H A L E M X N A E C O
F W A T E R Y R O D I V E R

Finding Nemo

J Y S P A C E X E L P M O C
T H R E E L E V A T O R I A
L F O Q M E G A R O T S D B
L H O U C O N T R A C T U L
A L L L S Y H H T C Y P T E
M I F S E I T I L I T U S I
S V D W Q A N I K R I K F C
R I E W B I S G C T R L L R
I N C K E Y S E L C U A A A
A G N I D L I U B E C W T M
T N A T R A L B N L E E N P
S I R C O U K I I E S F E E
H K T H O N L A N D L O R D
A R N E M D N E I G H B O R
R A E N S R S T N A N E T K
E P E T S Y W I N D O W S C

Apartment Living

T Y P B R A Z I L B L A C K
N D E C A F H W F R E N C H
A B S O T N A S T L J A V A
T A R O M A R R U T A C N R
S K C U B R A T S R M V O S
N N A I P O I H T E A M O V
I R P W S C A F F E I N E R
A O P W U O F A O T C A S O
D E U F M L R C V A A I P A
N R C T A O I I O Y N I R S
A O C M T M C P N N D A E T
G B I O R B A Y O E R W S E
U U N C A I P T D K I A S D
R S O H X A M A N A P H O A
E T T A L N B O U R B O N R
P A C I B A R A M A C A P K

Coffee Varieties

C Y D N A H I N T E R I O R
A X P O P R O J E C T S O E
R N L I O A S G N I X I F P
P E U D P W I B R A R U O A
E I M L A E L N O E I Z O I
N G B O E L S I T J M L C R
T H I H D L L X C I D O S S
R B N E R E E T A E N D H B
Y O G S Y Z L C R S N G O U
R R R U W P H I T A K S R I
E U O O A E Z R N R D A E L
M S O H L L U A O G I E E D
M E L P L C V W C G F C S L
A F F A T E C I V R E S A W
H U C F H B L U B T H G I L
L L I R D E L L I K S O T W

Handyman

S I L I C O N V A L L E Y N
T L A S O P I R A M Z O Y I
X I L Y A L A M E D A H Q U
C S E I E R M W M K R A L Q
S A L L H L E M O Z T T O A
G N B A D Y L V J O A E S O
N B Y L S O L A A D C K A J
I E P O E S R R V L L A N N
R N P T I C E A E H A L G A
P I O A K L A N D V T C E S
S T P L A C E R E O E A L C
M O U N T S H A S T A B E O
L G O L D E N B E A R R S D
A O C S I C N A R F N A S O
P M A R A L C A T N A S U M
X Q W O N I C O D N E M P G

The Golden State

H G N I P P O H S I T E M S
N E W D R A E G A T N I V D
R O O E R S R M U S E U M P
Y R O A O T U T I L I T Y O
U G D L A R N O I T C U A R
N I X E D A R E T F N C N C
I A D R S R N Y W O A O Z E
Q N V U H I S T O R I C A L
U T A T O T R U I T I O T A
E C L I W Y Z A C Q P N L I
S E U N R R D E B O U D W N
T J A R J O L B T L O I O R
A B B U I L T T U I E T N U
T O L F O A E C R Y C I C G
E D E C O R H E I C A O C S
S A L E Y Z P C X V L N V Q

Antiques

N I I N T E R L I N I N G B
E N P R Q G G N G S F U N E
E S I E U N N O N U L U I M
D E V K I I I T I T O N C B
L A O C L K K C D U C D A O
E M T U T N C H N R K E F S
P A I S I I O E O I I R R S
O L N R N R M S B N N S E I
I L G E G H S G G G G T T N
N O H E M S T I T C H I N G
T W F S T E C I D O B T I N
L A O I K R O W T U C C B I
O N T T O P S T I T C H B D
B C A L T E R A T I O N O A
H E C A N D L E W I C K B E
Q I P A T C H W O R K K J B

Sewing

D B W V D M Y C U N H D H C
R S U V I K S Y Y R E D D R
M S O D N O O D L E I M M L
S A D U D V P R O D U C T S
H J H I P M E A L S X R E D
N C U K K L E G H D W E N H
E M A T L A S R E K C A R C
H N L S T D O S F T R M V O
C E E E S O N O U B A C N O
T K A J M E X H T O R B J K
I C F L D P R L L A B E L S
K I O N T D O O G M M M X E
K H O M E H J P L K C O T S
T C D Y R V Y T A E D E T I
D S N A C U C V A R I E T Y
I G W V X Z J W H I T E N Y

Campbell's Soup

Y D U T S W E A T H E R O C
T H N A T U R E C O L O G Y
E N E R G Y X Y G O L O E G
T E N A L P L A T E S J F O
A G E O S P H E R E S O I L
M E S E K A U Q H T R A E O
I O C H R O N O L O G Y N I
L G I N Y E R E H P S O I B
C R S T E D H E F I L M A A
I A Y S A I R P L A V A T N
N P H U C H C O S T Q G N I
O H P R O C K S L O N M U M
T Y O C E A N S O O M A O A
C H E M I S T R Y E G T M L
E Y G O L O I C A L G Y A S
T Q B B V O L C A N O E S G

Earth Science

T Y A W Y B C I N E C S N E
R A I L R O A D L I N E P S
C W P R I V A T E R O A D P
O F I I R Y D O E U R B A E
N O S N U A L S H K E S C E
G T I T S W E Y W Q S T C D
E H G E H H I A G I H D E L
S G H R H G Y T N G A Y S I
T I T S O I I G I O Q A S M
I R S T U H Z L R M Q W R I
O U E A R O P Y E L A D O T
N O E T N O T R E K K A A J
B T I E T N G U T Q A O D J
I E N S U E F A S E V R U C
H D G O E R E T S R A C B U
H H C L A N G I S N R U T N

On the Road

M S T A X I D R I V E R L L
J H N A I C I T U A E B F A
T P H O T O G R A P H E R W
Q T G R I P B A K E R F R Y
T S C O N T R A C T O R F E
R I N T D O C T O R T R A R
U G I I L M M U E R A T U Y
C O A D W E I S R E R S D E
K L T E D T T W I T T I I K
D O P H A R M A C I S T O C
R M A P A I N T E R I N L O
I S C N E S R U N W N E O J
V I G B U T C H E R I I G C
E E Z C I N A H C E M C I S
R S N A I T I T E I D S S I
R E E N I G N E N I A R T D

Careers

C I R B A F E L T H E M P R
X R D Y E S P I N N I N G J
M A O A L P A C A N O N M S
I N L C G N I R O L I A T G
L G R F H L G T Y H T Y E N
L O X E Y E T N T E A J X I
K R O R T O T O R R C F T V
L A C W C T L I N E N A U A
I A I I H C A H N D G S R E
S L H R T L E P U G I H E W
L R E T S E Y L O P S I G M
H A E C A S H M E R E O N I
D L K B T Y R T S U D N I N
K O G N I T T I N K G P W E
W O V E N F G R A Y O N E D
C M J S X E D N A P S Y S J

Textiles

D P Y R A T I O N A L I S M
R E G G E D I E H P A O B J
S C H A X R A M G H U N B J
T O E R I Y P S S I T C W S
R N G G S G R I N L C E I C
U C E U T O A L O O E K T I
C E L M E L G A I S L C T S
T P H E N O M E N O L O G Y
U T P N T E A D I P E L E H
R N L T I H T I P H T N N P
A O A O A T I H O E N H S A
L S T N L G S C G R I O T T
I A O K I V M U S I P J E E
S E H C S Z T E I N L J I M
M R K S M S I L I H I N N N
N Y G O L O M E T S I P E N

Philosophical

E N I A M I S S O U R I Q Q
C T A X E S N O I T C E L E
V O Z M T E I P E L P P A L
I V L S E C O L O N I E S S
R T A O E N A N A I D N I A
G R N S R K D M Q T F F H S
I U O I T A A M E R I C A N
N O Z O S I D L E F V P W A
I C I N L N S O T N O F A K
A E R I L W O Y H A T U I C
L M A L A N S C P H E S I O
A E S L W T H I S T O R Y H
B R S I A F L O R I D A G A
A P Y T R E B I L A W O I D
M U E C N E D N E P E D N I
A S T H G I R F O L L I B S

All American

V D N A B R E B B U R S C T
W X S P E C T R O S C O P E
S N A E J E U L B E N B Q L
N G L B A R B E D W I R E I
U U M B R E L L A I A W P O
G E I G E R C O U N T E R T
E L E C T R O M A G N E T B
N A N P E E T E I M U P E M
I W O M M V T L R A O O L O
H N H A G L O L P C F C E B
C M P L N O N I L H A S G C
A O E C I V G A A I D O R I
M W L R K E I R N N O R A M
E E E A R R N B E E S Y P O
F R T R A F F I C L I G H T
O N A I P R E Y A L P X W A

Inventions

C S R Y T N A R R A W S B E
S E E N I L N O P S A T L V
O N M T S Q R P R L O E U I
F O U A A E L E E H C C E S
T H S B O I M S T T D H C N
W P N P A O C A R A Z N C E
A L O N T Z A O G J I O A P
R L C S S E N I S U B L M X
E E U E C I V R E S S O E E
S C Y E C S T E G D A G R R
F X D A U Q S K E E G Y A O
Y Y E L L O W T A G T V S E
S R E T U P M O C I S U M R
E I V O M E D I A S T O R E
F I N O I S I V E L E T S T
S H O P P I N G D R Y E R S

Best Buy

G P E A M F A H K C A L B P
U L A M A R O O N Z T Y W T
B U H I T N I T U E R S O B
D M K L N B O R A N G E L Z
W H I T E T E L O R N U L V
A M C I G X G S A O S A E N
E D G A A Z M Y T H V T Y R
L E L V M I H R E E Z U P U
A V P O R O Y D N U G R U B
P I T C G H U D O C I Q R U
I L N A T B E F M R H U P A
N O X D U R V Z L E Q O L S
K K S O N O D P A A O I E H
A Q U A N N E I S M G S U E
C B Y E G Z R S I L V E R H
R C Z N E E R G A G Z N F R

Coloring

S G I N T E R N E T A P E S
L D Y E L E A R N I N G X E
S O V R E S R E T U P M O C
R C A D A R M E D I A N K R
E A H N O N F I C T I O N U
A T S O R W O R R O B I O O
D A F E O N F I N E S T W S
I L V H E L P C T Y N A L E
N O I T C E L L O C A C E R
G G N I D N E L Q Y I U D M
C S E C N E R E F E R D G O
H C R A E S E R V I A E E V
P U B L I C H I L D R E N I
E U D R E V O F E L B A T E
B O O K S M A G A Z I N E S
N O V E L S E S S A L C D S

At the Library

R L O O P K C A L B K F M X
M E Y C A M B R I D G E Y F
I D T R G L O U C E S T E R
L N L S T B S W A N S E A O
T N O E E N O O L M Y D S T
O C R T I C E L U T O N T H
N R D U P F I V T P R A B E
K A U O B M S E O O K L O R
E W N Z U K A R L C N R U H
Y L D C O L C H E S T E R A
N E E D R E B A T D K D N M
E Y E L O O P M L U D N E A
S S H C I W S P I B O U O H
N O T P M A H T R O N S H D
P W E S T B R O M W I C H L
K M N O T T I N G H A M E O

English Cities

S N I A G K Q Z L S D N O B
S E I C P Q C A P I T A L S
G D L G E U P O V P I T F I
N A O L R I R I T L F T U L
I T S W C A D C A S O I T V
V Z S N E E M I H B R S U E
A D I Y N P C O U A P O R R
S R L D T N E S N F S P E E
P E S O A I I N T E R E S T
E B C N G N D I S I Y D K U
U L I U E R N O S I M Z N R
L F A S R C W K M A O E A N
A U S N O I T P O M N N B S
V N S M D Y T R E P O R P W
F D E D A R T Y P Q C C H B
Z S T T J K M A R K E T G S

Financial Investment

L D X E L P A M F P A P E R
V T D D E L M S U I A X Z Y
A I M S U Y R R E H C I E H
M M H M O W A G L S T O N K
M B B A F O R E S T U Y I T
K E K Y R O K C I H N O P E
R R S C E D A R D A S F H R
A T U N L A W T G L L A N Y
B D O O W T F O S O I C O L
S T R E E S H H O U G U O G
T A B L E A O R H D D T B C
A Q I O M P I S A N D W M L
I F F G G N I V R A C P A X
N I A R G N K S D R A O B S
N R U B I R C H Q B L H G F
G G R F L F M N C N S C E G

Wood

G	D	E	E	N	E	M	O	T	I	O	N	A	L	
N	J	S	E	I	T	I	V	I	T	C	A	L	A	
I	N	C	L	O	S	E	N	E	S	S	C	A	N	
R	I	N	T	E	R	E	S	T	S	P	Q	P	O	
A	T	T	R	A	C	T	I	O	N	L	U	N	S	
H	I	N	T	I	M	A	C	Y	Y	E	A	E	R	
S	R	E	L	A	T	I	O	N	S	H	I	P	E	
G	N	I	D	N	A	T	S	R	E	D	N	U	P	
L	T	N	A	T	R	O	P	M	I	K	T	T	R	
A	C	H	I	L	D	H	O	O	D	A	A	Y	E	
U	D	O	A	F	F	E	C	T	I	O	N	H	T	
T	N	E	M	H	C	A	T	T	A	A	C	T	N	
U	E	S	U	P	P	O	R	T	I	V	E	A	I	
M	P	C	O	M	R	A	D	E	S	H	I	P	O	
S	E	N	T	I	M	E	N	T	R	U	E	M	Z	
O	D	B	T	N	A	D	I	F	N	O	C	E	W	

Friendly

E	H	C	N	U	L	N	O	I	T	R	O	P	X	
T	C	U	A	S	T	A	R	C	H	C	D	V	H	
B	S	I	K	P	C	L	C	A	R	R	O	T	S	
R	N	S	R	O	P	O	T	A	T	O	E	S	E	
E	E	I	R	R	L	E	B	D	I	N	N	E	R	
A	E	N	V	E	G	E	T	A	B	L	E	S	V	
D	R	E	S	S	I	N	G	I	W	Y	E	M	I	
S	G	L	T	T	S	C	D	O	Z	G	E	O	N	
L	A	E	M	A	O	C	B	O	A	E	B	O	G	
W	S	U	E	U	L	L	O	B	O	S	R	R	N	
S	N	P	R	R	L	P	B	U	A	F	O	H	I	
O	A	S	P	A	R	A	G	U	S	L	C	S	F	
U	E	T	M	N	C	S	C	N	L	C	C	U	F	
P	B	S	S	T	R	E	S	S	E	D	O	M	U	
S	D	A	L	A	S	Q	U	A	S	H	L	U	T	
O	O	S	I	S	P	I	H	C	F	R	I	E	S	

Side Dish

T	G	E	N	I	U	S	T	E	N	A	L	P	T	
M	A	T	H	S	R	A	T	S	I	S	K	Y	R	
U	G	G	E	O	C	E	N	T	R	I	C	L	O	
L	H	M	C	X	P	J	M	W	H	P	C	Z	R	
U	N	B	Y	H	P	O	S	O	L	I	H	P	B	
D	I	S	C	O	V	E	R	Y	O	Z	U	Y	I	
N	G	E	O	M	E	T	R	Y	Q	N	R	M	T	
E	K	I	N	E	M	A	T	I	C	S	C	O	E	
P	S	S	C	I	S	Y	H	P	M	Y	H	N	L	
C	E	N	O	I	T	U	L	O	V	E	R	O	E	
I	I	E	M	H	I	S	T	O	R	Y	N	R	S	
T	R	A	P	S	C	I	E	N	T	I	S	T	C	
E	O	R	A	F	S	U	N	S	P	O	T	S	O	
R	E	T	S	N	A	I	L	A	T	I	K	A	P	
E	H	H	S	C	O	E	L	I	L	A	G	R	E	
H	T	B	J	U	P	I	T	E	R	O	M	A	N	

Galileo Galilei

D	R	T	E	S	A	B	N	E	L	O	T	S	D	
I	E	A	U	T	O	G	R	A	P	H	S	A	N	
A	H	H	L	I	N	E	D	R	I	V	E	V	K	
M	C	L	L	A	B	W	E	R	C	S	Q	E	R	
O	T	R	G	R	A	N	D	S	L	A	M	Z	A	
N	A	M	E	S	A	B	T	S	R	I	F	D	P	
D	C	P	I	D	A	S	P	I	T	B	A	L	L	
N	A	M	E	S	A	B	D	N	O	C	E	S	L	
C	A	R	E	D	L	E	I	F	T	U	O	Q	A	
H	W	M	P	S	R	E	H	C	A	E	L	B	B	
A	A	M	A	J	O	R	L	E	A	G	U	E	E	
N	Y	D	O	U	B	L	E	P	L	A	Y	F	V	
G	T	H	O	M	E	T	E	A	M	B	N	L	R	
E	E	Z	H	T	N	U	O	C	L	L	U	F	U	
U	A	F	S	N	O	I	S	S	E	C	N	O	C	
P	M	V	E	T	A	L	P	E	M	O	H	T	D	

Baseball

H C N I F E L P R U P N B U
N S K Y W K C U D D O O W Y
F E U H U M M I N G B I R D
R O R R O D N O C W Q P U O
E R W W H S R E H T A E F B
M O O L A T A I C T T T F I
M B R O W N T H R A S H E R
A I C I I E I I B I O G D D
H N O M Q C Z L M L O I G F
W G A U K R U A O R R L R E
O L A A A E T I V R E F O E
L I D V B I L L R I A H U D
L E E I L A N I D R A C S E
E N R E R O A D R U N N E R
Y D F L O C K I N G C V F S
S G N O S P H E A S A N T P

For the Birds

V V I T A L R E C O R D S A
Y R O T S I H L A R O D B F
D R E H T A F D N A R G A A
O S T I U S W A L O U M B M
S B E N I S U O C E I N Y I
P A S S E N G E R L I S T L
E P E A K F R N Y Q E R T Y
L T I J M H O H I I L O N B
L I R L C O I T R E D T A I
I S E R L S L A R E C S D B
N M U Z T I I P E O T E N L
G H Q O R D W D I F P C E E
C O R R E S P O N D E N C E
S Y E V R U S D N A L A S F
P R I M A R Y S O U R C E I
N O I T A M R I F N O C D W

Genealogy

W R T L G N I I K S S S L M
C R E E K N M D N O P P L V
E P R W C O I I E K L I E W
D C U O O U W T N L O G W H
I R N D S H A A A E T O Y T
T F O M D P S F V O R T R A
W C F P W L R R B E B A O B
T T F A S E E I G H S I L B
G N T L T S F N N N E C T T
B E L A N P I I I K A E N S
R R W O A K U A H Z L B E R
I R C X N J Q R S T I E R I
D O M I G D A M I X O R R H
G T R N A E L C F F B G U T
E D P O T A B L E R Y S C V
S B A Y S T R E A M A E T S

Here's Some Water

O G L Y P A R E H T E I D R
R Y C A H E R B A L I S M O
D G G H U T N E M T A E R T
S R N O I T A T I D E M G C
S E I A L N I P K K Y H N O
E N T R G O E R O N I T I D
N E S E N E B S I E E A L F
L C A M T W V R E P M P A K
L I F E S T Y L E T S O E R
E T A D U S T A I H S R H O
W S D I S E A S E E R U C W
A I N E O S T E O P A T H Y
T L I S A D E V R U Y A R D
E O M S U P P L E M E N T O
R H Y P N O S I S Y O G A B
V M A S S A G E P L A N T S

Alternative Medicine

T E E N A G E R S K R E L C
B A T H R O O M C E X I T B
E S C A L A T O R S Y C A M
C S E C N A R A E L C B O B
P O N O I S E E D R Y E R U
E F M W T N M S I S E D A S
T W S P R R U W T E G A N Y
S W T S U U F O C D R N G R
T G R R O T R R A A A E E E
O I O O C E E B R C H M J N
R F L O D R P R D R C O U O
E T L D O O F T S A F R L I
Y W E R O T S Y O T S P I T
J R R V F R B O R R O W U A
C A S H R E G I S T E R S T
J P V P I N C E N T I V E S

Going to the Mall

W K Y E N I L N O T S Y O T
S S E C C U S H I Y R F G V
D R N I A H C D S L A E D F
O Y S V I M E Y E S L L U B
O P T R A R R W C E W R D S
F R O E C L E A R A N C E A
T O R S I J U A H I W R P L
N D E O L R P E T P A G A E
U U S N G P A U R W T N R S
O C P A A O R V E M O I T H
C T H S I E L S L O S H M O
S S E N I S U B I N E T E P
I D A B O O K S A E N O N P
D O L C H E A P T Y N L T I
R O T U L L A M E R I C A N
M G H Y R E C O R G M J Z G

Target Corporation

P I N I N A P D O O W G A D
L M L E G A S U A S L J N A
E S E E H C D E L L I R G E
T T M A F W H E R O V O O R
T U O O T A M O T P E A L B
U C N P K B L A I P R S O S
C D T A E E A A H Y W T B T
E L E P S N D L F J U B C U
I O C B A A F S L O R E H O
G C R U A T L A A E S E I R
A L I R C C T A C L T F C P
O U S G Q U O Y D E M R K S
H B T E J A M N M V B O E T
M C O R N E D B E E F L N E
M I F A O L T A E M L L T A
G O D T O H Y E K R U T O K

Make a Sandwich

C A R P E N T E R S U N C G
F R A M E P S P R G S G N E
S C W M S R K K E N E I E R
R H O V C O Y C E I D S M E
E I O N I P S I N D A E A G
K T D A T E C R I L R D T A
R E T N S R R B G I T J E N
O C N O I T A D N U O F R A
W T E I G Y P C E B C E I M
H C M T O T E L T R Z R A S
O E P U L E R D A O I E L Y
U J I C B F N N D N R C S A
S O U E K A E L S L N T T L
E R Q X L S L E E T S I O E
S P E E R U T C U R T S N D
W Z L A B O R E R S I T E G

Construction

L K C I T S N O N Q R Z S A
A A F E N O C I L I S S L Q
T P D P I E P A N C A U I C
E P C L X R O K H U M X S I
M C A K E P A N C I Q S N M
J V S E R A W E N O T S E A
Z N S Q Y X P U A O T Q T R
Y A E C P A M E P S E S U E
H P R V N Z K B F S F E B C
T G O S O O I U A A L L B O
T N L K R H T N O L O D O P
W I E I I R C D L G N D W P
K Y F L T F H T O B W I L E
A R R L S M E P U O M R S R
T F K E A F N A K D F G D T
P P S T C K G N I T S A O R

Cookware

H O B B I E S Y A L P B X Y
R E L A X M O N O P O L Y T
V A P E O P L E O W R S H R
Y I M U S I C A L O E U Y E
S D D Z P Y T I V I T C A C
C E E E B P N Q L D H R G N
I M L M O G E S H I G I A O
M S E A O R M T A V U C M C
O I I G K C E U S E A L B I
C N S D S R S A N R L O L N
S G U R T H U F D S F W I E
P E R A R O M U H I U N N M
O R E C R E A T I O N S G A
R H E N J O Y M E N T G B Q
T D A N C E I V O M L I F M
S T O R Y A R E P O I D A R

Entertainment

M U L T I B A L L D R A I N
I P L A Y F I E L D M M T P
L M A G I C P O S T P O A S
I T B R E V O L L O R D R X
G S E A U T O S A V E E G O
H T E M B O P D M S P S E B
T O R B A I L A T P P T T K
S P F O N C T O I M G N S C
E P R N K C H L L A I I N A
H E E U H S F I T R N O P B
C R K S G R E G N U L P O U
T E C N G E G A M E A U P T
I P I T O P K C A J N C P T
W L K O B M O C Y C E O E O
S A H C N U A L E F J I R N
Q Y J O R B I T S O U N D S

Pinball

V A H E Y G O L O M Y T E H
T R A S Y G O L O I G A H N
E E P C I C O N O L O G Y O
L O L A Y G O L O N E L E S
E L O P H L E B O L O G Y O
O O L O T Y V G B E C D L L
L G O L U G I M W X X M F O
O Y G O L O D I R I L A X G
G G Y G O L O M Y Z N E R Y
Y O M Y G O L O H P E S P P
S L N E P H R O L O G Y O Q
U O V Q N P N O M O L O G Y
U C U R B A N O L O G Y I G
A Y H R T R I C H O L O G Y
N H Y K Y G O L O I T E A A
I P Y G O L O I M E S E M N

Fields of Study

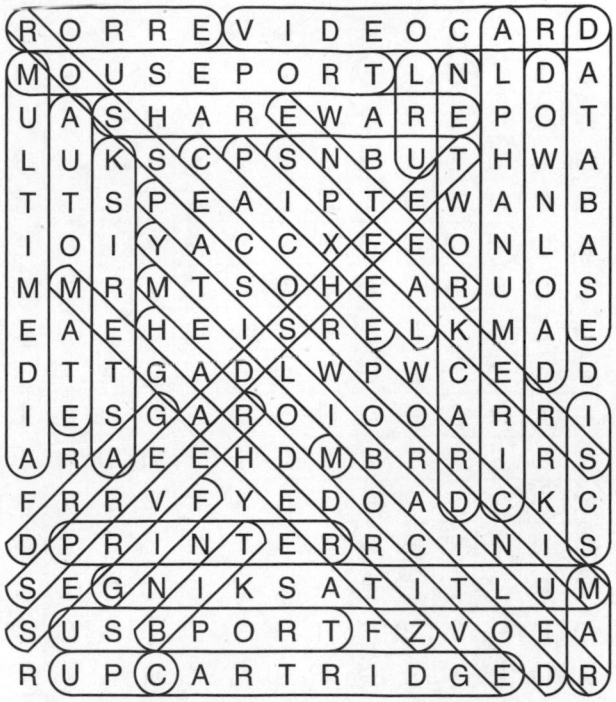

Computer Lingo

Benjamin Franklin

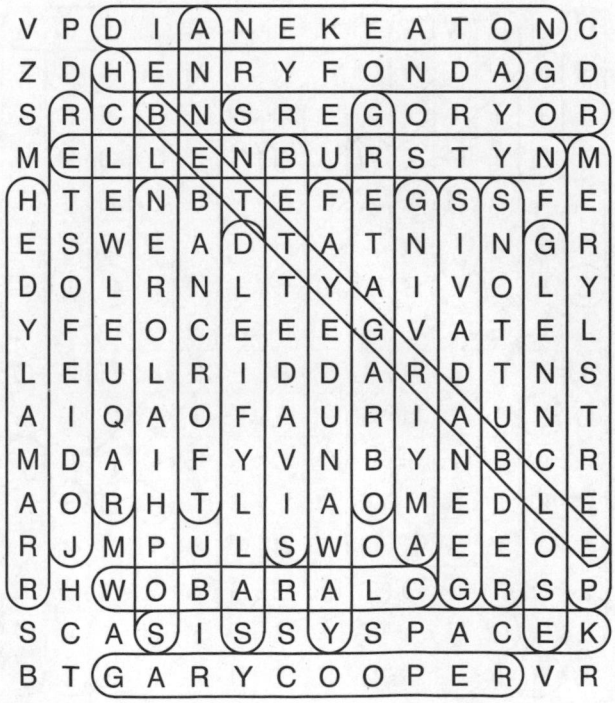

Movie Stars

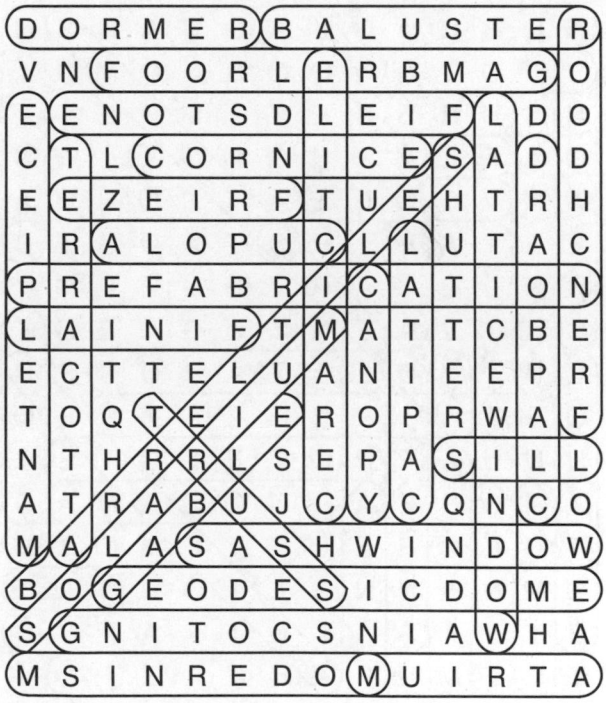

Architecture

P S O U R C E D I T I N G Z
R T R E N D S A S R I D N C
E V E N T S I I A N A W I L
S N D L C E L D T E N D T B
S C I H E A C E L E F K I L
M T O Z N V R M W C A Q R O
V O O R A V I S P I C H W G
L G U R I G P S R N T A D E
B O N E Y A A A I F S U U X
J S W I P P R M N O I D E I
Q E Z E T A O T T R N I D M
H U R M W R B C I M M E I T
T S A C D A O R B C U N T G
U S N O I N I P O N L C O R
R I O O N L I N E H O E R Y
T W H M R E S E A R C H S V

Journalism

G I N I T R A M O V I E S C
U I I D F L E M I N G I P N
N E K A H S I T I R B O I S
S C M L I F S V C A S J E N
G C H T H T N E G A L I S L
R O M O O N R A K E R R O G
L C S N E M O W S K I A O M
O E E Y E N E D L O G L H O
H W Q E R U T N E V D A F C
C A R S F U G B O F N N O T
Y O S N I A L L I V O O N O
M O N E Y P E N N Y B I I P
D N V N H R G A D G E T S U
K R V E E E Y Z J E M C A S
O D R M R R R U S S I A C S
A O D Y S S Y S G X R K D Y

Bond Movies

N O B B I G J A G U A R S N
S L O T H N O O S N O M U A
H S U R B S E T I M R E T Y
O A F L Y I N G F O X Y W N
W N V E G E T A T I O N H A
E A T A P I R S T A C G I B
R N E L B A R T E N E P M I
S A I V A E N I U G W E N F
E B I Y D L I Z A R D S F R
Q S E N I P P I L I H P E O
U N U A F P O C E L O T S G
A H D G E A D N O C A N A S
T U E O R E L E T E H C A M
O M N H N N G L T O U C A N
R I S A S I G N I R A E L C
T D E M H P A B R A Z I L J

The Jungle

G G G W G Y M N A S T I C S
N N N E N O T N I M D A B E
I I I I I X B O W L I N G O
L D T G T W A H G S Y O B H
I I A H A A C O N S E L I S
A R K T K T K R I I K O L E
S L S L S E G S D N C P L S
T L E I E R A E D N O I I R
I U C F R S M R E E H N A O
C B I T U K M A L T E G R H
K I V I G I O C S E C P D G
B K L N I I N I B L I O S N
A I Y G F N B N O B I N K I
L N F L O G F G B A S G E X
L G G N I C A R O T U A E O
X R A C Q U E T B A L L T B

Sports World

L O N D O N D N A L G N E L
G H G R A T I U G I R O C K
E S C N S T R E C N O C R H
Y T U I I Y S C L D I Y O S
M A T C R R A I S A T B V I
M R H R C O V D V I D A I T
A P V E G E T A R I A N D I
R E Y L R P S B L E T E A R
G R R P O M E S D B T C E B
S F O P K L E U F H U S A R
E O T A E B J F G U O M E Z
L R S C C Y A I C P L T S Y
T M I G E M N S M O N A I P
A E H H O K N O S I R R A H
E R M U S I C I A N S O L O
B L S G N I W P L E N N O N

Paul McCartney

A S N T F B G C I R C U S V
B O O E O O L S P A C E C T
R C A P R N A U Z O O A I A
A I F O E O M O P S P W E T
I A R R S B I R R T M I N I
N L I A T O N O I R I L C B
S U C N C M A V M O H D E A
T V A G S O I I A N C V L H
U S G U R T M N T G O L A Y
D T N T Y E G M E L I N F E
Y R I A M N A O U R A Y A K
N E B N A M O T O N W B M N
N N M H M G I G A D I A I O
U G I A N O G B J P A T L M
F T L O N G A R M S E L Y K
Z H C R A E S E R T O O L S

Chimpanzees

V C H A L I E N N A T I O N
B M A R S A T T A C K S O O
A H R A Y B R A D B U R Y I
T F R G N O K G N I K L W T
M R Y T I T A N A E K Y L A
A E P T U E R U T A E R C T
N D O V G V T S E L I F X S
O E T S E U Q Y X A L A G E
D R T E L L L U R K T M J C
D I E I A D H N A M E C I A
E K R H L S T A R T R E K P
G P D O U G L A S A D A M S
A O L O S E L O H K C A L B
M H D K R I K N I A T P A C
R L S Q U A N T U M L E A P
A T H U N D E R B I R D S K

Sci-Fi

X N A I L U J R A I R F M H
L E I F E R I C S O N H V E
N A A M A G A D O C S A V N
R N J F E R D I N A N D G R
J D S E A R C H I N G N D Y
O R N E S D N U M A O S A H
H E E R I K T H E R E D N U
N W O N K N U R T Y D Q I D
F C H A R L E S W I L K E S
R R L A R I M D A S R L L O
A O Z E T R O C S L O A G N
N F C R A P I N T A W S O I
K T A L S E A M A N W A L T
L C I B A L B O A D E L D A
I E X P L O R E R S N L E L
N I A L P M A H C E D E N Y

Exploring

C P C D F S E I C E P S Y N
O J Y E N M G C I T A U Q A
R B D E R E G N A D N E C T
L I L L E L E E I P N O M U
H O O T S T I R C M A A T R
N H O R I R T A G P M R L E
P A Z U O U E H T T M I A X
P F V T T T E P U R G D W C
Q E M A R X R E P T I L E S
J W T E O O D L E I H S L N
L S A S T B A H E N L L T A
R O C T H G F N C G E F R P
G U C R E C I L I H G C W P
W P H E A R A B S M W S K I
F U K E A W T E R R A P I N
E T P M S N L C B W O L S G

Turtle Life

L A V E I D E M N R E D O M
I N C E N A E P O R U E A E
L O U X T R A D I T I O N M
L I L P H I L O S O P H Y S
A T T R E Z A I I Y A Y F I
C A U E M O L I V C S T E L
I C R S R A P K E A T I B A
S U E S T A I L L R C L A B
S D S I X K T N E C A A S O
A E P O W E R U T O F U E L
L A S N A M O R R M I Q B G
C Y G O L O N H C E T E A R
I H O L L Y W O O D R Q L E
S C B C H R I S T I A N L E
U H E R I T A G E F I L N K
M L C Q L L A B T O O F N S

Western Culture

W D E T N E M G E S L T K T
O N E E R G F B R P A G L R
L E A V E S R A O R R N I E
L P T E Y I R Y V I V I S E
E F D C G L A M I N A D P K
Y U S H E A F S B G L I U Y
Q Z T A S S T R R O N L P P
P Z N I U Y N S E C O S A D
E Y A R M R E I H T P N A N
S J L Y M H H W U E T M V E
T E P W E C O B C E A U A G
S Y Q G R R U I N G R T B N
H E G A M L E N E M O D B A
T S N S A S A L L A M S S H
O O H R N E D R A G W X H C
M U O W N T B Q J I I V B H

Caterpillar

O R R E L L U P E L P A T S
M E S E R U T C I P R R I B
E S L E T T E R O P E N E R
M A E R M N N F N L G B P N
M R C N E O I S U L A U I R
I E N Y I K B R U U N S L O
C K E A P H A N P T A I C T
R C R D I A C M J R M N R A
O O E I P H G A E P E E E L
W L F L R L N E M E V S P U
A C N O R I I A R X F S A C
V E O H T A L S C J A F P L
E M C O M M I T T E E F O A
F I R E D E F G O S S I P C
I T S K Y S C R A P E R O Y
N S U P E R V I S O R R S X

Around the Office

Q S D R A W I N G T A B L E
D I P M A L G N I D A E R L
R E C E P T I O N D E S K I
A G E D S E N X C D M F S F
O E R I E S O H A E F I O L
B P I C C O T T R B L G F A
L E O I T L A R D E A H A C
I R T N I C R E T L T T B I
C I I E O A E B A B B I E T
N L R C N N H R B U E N D R
U O C H A I S E L O N G U E
O U S E L H O P E D C C M V
C S E S U C M P K O H H A P
E R U T I N R U F N W A L O
S T R A I G H T C H A I R U
E L B A T G N I T F A R D F

Furniture

D R U M S T I C K B U S H O
S I A R R A N G E M E N T G
Y D O L E M M O B E R L I N
K M G R E B U R C O S E P O
D U N F O O R C H M S I H B
P R R B I U D H O O A P I F
E D O G C R S E R U B S L L
R E H N E I S S A T E N H U
C L H O L N A T L H L E A G
U T C G E E B R V P B K R E
S T N A S B R A Y I U C M L
S E E T T Z A T L E O O O H
I K R A A V S I U C D L N O
O Q F N O T S O B E H G I R
N I L O I V D N O C E S C N
V M U S L A C I S S A L C M

Symphony

W O L V E R I N E S E A Q P
Q O R E D I G G E R S G R D
C R U S A D E R S E S G A G
S O J D S U O H R T O I M R
R Y S E N D S A E A V E S I
A A R P O K R W K E N S K Z
G L U M I V E K A T M R C Z
U S M J L Z H E M N I O E L
O O R R Y C C Y R A D D N I
C M E A N G R E E N S A R E
S T N I A S A S L S H S E S
F I G H T I N G I R I S H T
S R E L T T A B O E P A T A
P A T R I O T S B G M B A C
S E M I N O L E S I E M E M
C T B S E P O L E T N A L A

College Teams

W D M T L C K V Q I D F B Z
Y X C A U G O O S E C M L P
J J N H S I F D L O G T S O
I G X D T A F Q C A D B T Q
G C E E O N F K H A F U A H
U L A E D N A I A S N F C Q
I Z C B S T K H N Y X A U K
N K A Y I E S E P C M F R B
E B P E D G K S Y E H N F Y
A T L N Y C R Y L S L O E E
P L A O I R E E D N I E R K
I J S H T U A S T A O G R R
G W C O I I M B U S D I E U
I Z R R S W A N B O M P T T
G E T S T B L O V I M A T O
S H E E P E L E P E T X H N

Domesticated Animals

D F E R R I S W H E E L P S
N T E T H E R B A L L Z A S
O R E D I D L K I T E N D J
I E R N L L A B E G D O D W
T E T U N E N T H B O C L M
A S A O A I D H O W I D E D
E N E R C F S X C N O R B L
R O H G H L C C C N R A O E
C W T Y S L A I O Y E O A I
E C I A A A P W G U K B T F
R O H L R B E O N D R E S R
C N P P T T R O S E S T S E
A E M B J O G G E R S A S C
N S A L U O B E Z A G K A C
O P O N D F B I K E R S R O
E Y D N A C N O T T O C G S

At the Park

T N I L F Q E T I N A R G J
N Z C O A L U L I S S O F A
E N O T S D N A S I D E E D
M K E T I C A D R L E T L E
I G N E O U S K S T I I A N
D I A M O N D C I S Z D H O
E M U D S T O N E T P I S T
S L A T E R A D V O E B T S
R C P R I S N O O N P R T E
G H H A A A B L L E E U O M
A A Y B O S A O C G T T N I
B L L O I P U M A N I M A L
B K L D L I M I N E R A L S
R M I I U I S T I I O G I L
O A T U F F T E C S I M T U
N E E E L B B E P S D A E H

Rock Types

S E I K L A T E I K L A W V
K E R E C T O R S E T S N T
K C R B E P O R P M U J N R
J C A U O E L E G O S P E A
D L U R G A B B F D M Y V M
T T I D T I R S W E U L O P
E I E N R E F D I L R L E O
S N P P C E C N G R D A K L
M K O L P O B A O A F B A I
R E C Y L U L B R I M R B N
O R S A O A P N U L T E Y E
W T O X J Y B Z L R R C S L
W O R R A D N A W O B C A Z
O Y C N E M Y M R A G O E Z
L S I P R E T E N D S S P U
G Z M P O G O S T I C K I P

Toy Time

W I R E S C H E M A T I C S
L E L L A R A P S C Y A I L
A S N W W G X U O E P C G A
T H R Y R A B N D A R H O N
I Y I O R S N N C O E I L G
G D U E T E O I T D S P E I
I N W R C C T C P R I C V S
D O A T I O U T M A S I I P
P T I L R D M D A O T R T O
E O I S N P M P N B A C A S
N S G O L A N A O I N U G I
G E C U R R E N T N C I E T
I D S G D E T A R G E T N I
S O A D J R E E N I G N E V
E I L R O T S I S N A R T E
D D E L R C O M P U T E R S

Electronic Circuits

O R E D I R W O L U M I N A
I E O N H R N T R A N S A M
L W M H E A D L I G H T S D
C O P R Q N E S E V A O P O
H P R O C S G T X S I P O W
A M I T O O R H H T G L N N
N A V A N M A G A R W I Y S
G E A R G O H I U A A G C H
E T T E E L C L S P T H A I
N S E L S D O E T E E T R F
I T R E T S B K S N R D T T
L U O C I N R A Y I P A T R
L R A C O T U R S G U O R E
I T D A N R T B T N M R A C
A S H T R A Y B E E P Y C A
R S P E E D L I M I T B K P

Automobiles

Z U N I T E D S T A T E S S
C S N A I H C A L A P P A K
M O U N T A I N R A N G E A
G O V N O I T A R O L P X E
B N U E G R O F N O E G I P
C L I N G M A N S D O M E I
H E A L T D R M A N U A F B
E L F C R L I A E L O L D O
R E O O K E E R F R P W E N
O V Q F R B T C E T I A E K
K A R T R E E S O U I C R S
E T H T U O S A T N L N A K
E I L E V A R T R N T B G R
F O O T H I L L S S U E Q A
A N I L O R A C H T R O N M
N O T R A P Y L L O D X M V

Great Smoky Mountains

F R A E Y R A L O S T A E B
M I L L I S E C O N D L T C
A P N S T O P W A T C H A H
I L E A P Y E A R Y G L S R
N F R M N D Q H C I E D S O
S K E O Z C S C N N N G D N
P C B M Y W I T D A A D N O
R O M E T N R A H Y N I O M
I L E N O O R W L O O G C E
N C C T F Y S T C Y S I E T
G E E K E E N E A M E T S E
A M D A T E S K C D C A O R
L I R U B O S C K O O L R E
A T N G C I M O T A N M C T
R I I I L I R P A P D D I A
M B P M I L L E N N I U M W

It's Time

T N A I D N I H U S K N C T
R T S L H C R A T S T I R G
A L A E M N R O C X A D O Z
D I V S E S N U C L F K P E
E O E S K D L A L P E F M V
B N G A S T S I Z R O L A Y
I R E T I C T E N T F P Y E
O O T V A R I E T I E S A L
F C A P O R L T E H A C N L
U T B T C S F L E G A R S O
E E L S I C D Y L N Z N G W
L E E E X S N D T I E A O J
P W R A E I U S N M M G C L
A S T S M A O H A R V E S T
T A K O O C R L L A E R E C
S F H N V R G S P F O O D N

Maize

I N T E R A C T M S O N G S
G C H I L D H O O D F T G Y
N H N O M E O G N I T I R W
I S O A U R M S L L I K S A
G K I W S T N E D U T S J C
N C T S I U L A N G U A G E
I O A A C T I V I T I E S N
S L C V O C A B U L A R Y T
C B U Y O U N G O G M R K E
H A D D I T I O N P J A Y R
I Q E N I L H I K I D S T S
L L A P I C N I R P W A N H
D Y A Z S R E B M U N A E P
R A T E A C H E R S T O R Y
E L R E A D I N G F U N A D
N P L A I C O S K O O B P F

Kindergarten

W M E R U S S E R P W O L V
G I I L A K E E F F E C T W
W N N S S A M R I A N J H I
P I I D T N L I A H A E U N
S A N D S T O R M I C T N T
D L R D O H E L A G I S D E
D L E T S O E Z A H R T E R
S I A E L O L A E P R R R S
Z H O T T Y C F R R U E S T
Q C L E A R C K H E H A T O
Y D U O L C Y L T S O M O R
T N I O P W E D O S A U R M
S I M R O T S T S U D L M J
O W U B L I Z Z A R D L F U
R S E A B R E E Z E O Y P P
F B L O W I N G S N O W O A

Weather

I P U T O O L S Y S T E M E
N F R E E W A R E M L I S C
S S C O M P U T E R D E W I
T J E C C W P M A D M I T F
A F B C O E O V L A N U U F
L I O R A R D E G D S N E O
L R D S Y F W U O E C D R T
W M A S O A R W R T D A A J
V W P S R R S E I E I O W A
D A R E D O C O T N S L E V
R R O N G A N I H N K N R A
I E G I P P C A M G I W A P
V J R S M P O H S O T O H P
E G A U G N A L A T A D S L
R D M B H A R D W A R E M E
S U S Y N T A X U N I L Q L

Computer Software

A W P T N E D N E P E D N I
I O Y C A R C U A E R U B S
S R N W O R L D W A R I I N
O L A I R T S U A C D U P O
U D T Y A W R O N E X N S I
T P T F E C I N U K S E T S
H E A D Q U A R T E R S R S
K A H C O N F E R E N C E U
O C N M R O F E R P J O A C
R E A H U M A N R I G H T S
E T M S W E D E N N G Q I I
A R E P U B L I C G A I E D
L M E M B E R S T A T E S N
B B T N E G O T I A T I O N
C I B A R A W C H A R T E R
R O D A S S A B M A F L A G

United Nations

Z T L Y E N D Y S E M A J E
T R E L Y T I S A A C A T L
A A I X E R A C H E L S V L
C Q N E A N T H O N Y C U A
K C A M E R O N E L H K X I
R D D I V A D S T R E B O R
A Y A L J A S M I N E W H A
N L X Y E L H S A L Y A K M
A A R O N L T M A I L L I W
K N T E Y O B U J E V A N A
Y N H H P G O R Y O E I E A
L A P H A A A C I S S E J N
I G E I Z N E K C A M H A F
E R S A W J U S T I N H U I
M O O L I V I A Z V T N R A
R M J A C O B T N E R U A L

Popular Names

H C S D E R O V A L F D P L
O H B T K S E J K P E L M O
N E E L N N U N S W E E T O
E R V K O A I N E S T E A C
Y R E O S Q R R S T I R T I
N Y R H K W B U D W E S C S
O M A A T C E O A L Q E C X
O I G I S U A E L T C V W N
P N E H N P O L T U S A Q S
S T O U A S B S B T G E A U
S U B T P V T E E Z E L R B
C S M E P P S A R W L A I W
Q O A M L I B P N R C E Z A
O C L L E A L S N T Y T O T
H P A D G R E E N M J H N E
F Z L S U N T E A S U G A R

Iced Tea

L A G Y R E N O I T A T S S
I U E R Y C L E R K S P A X
A T S O A A C O U P O N S T
T O C T W S B O R R O W U H
E M A C A H E I T E L O A N
R O L E Y R C I D E K G P I
O B A R A E N E R C G B P E
T I T I L G B O E L U A L T
S L O D G I T H E Q R N I A
E E R O T S C I S U M K A I
O U O C Y T E G R A H C N T
H D A B I E S W O R B H C O
S R A D E R A P M O C E E G
D B E L E C T R O N I C S E
T R U O C D O O F C K K L N
C P E T S T O R E T U R N S

Shopping Spree

B C S E V O O H C F T R O T
B R R E T N A C I H C N A R
P R I X J R C L P V W G F N
O T E D N A L T E H S E L A
L A L E L Y Y S D X N L H G
L K S O D E D R H C X D N R
A S J O C K E Y E A Y I O O
G A T I T S S G P E N N N M
N N R A S B D P A N O G I A
I Z I A B K A R U I W D M N
D L G M B L L R L P R O O E
I E A L O I E L N J L R L Y
R R A O N O A E R U T S A P
E C S G F T R N O A T S P C
K A Z D S I X G N A T S U M
E T I H W B S E I N O P B K

Horses

X W G M S T O R A G E L O P
S P A C E S R F A N X L L N
E P A I N T B R N I V A O Y
D R A Y K C A B G T S M C S
I E E L Q G R L N T N S K L
S T R W E G N U I O M S E L
T L U O O E N C N P H E D A
U E T R M M T I E O O I K W
O H C K J R N S D U B L H T
Y S U S E A E W R L B P U O
M K R H S F M O A V I P K O
T O T O U Y P O G L E U I L
E O S P O I I D K C S S B S
G H C E H D U E V I N Y L P
L J P E P H Q N F O O R T E
B B I K E S E V L E H S L M

Shed

E M S C O I L E D D R T P L
T A P F R E E N A D W H A O
R C O R B O U N C I N G D O
A R R A C O G H S Y T I S H
P O T M B E I T T A U L O C
E B S E R G N I L L A F M S
Z A R O H H C T E R T S E Y
E T U N O I T A E R C E R R
S S C I T S A N M Y G V S U
I Y I S A F E T Y N E T A J
C A A T U M B L I N G T U N
R L A S P R I N G S H M L I
E P G R A V I T Y L P A T E
X C I R B A F O E I N T I C
E S U C R I C T N D N U O R
L E E T S X E G N I V I D Q

Trampolines

D D S E M A G C I L E A G G
C N A S G I J T P O U N D Y
E A I S E L A T O R E H E O
L L N W P K M E Z E U H M S
T S T Y R R E K Y T N U O C
I I P S F O S C E S I R C A
C L A E A C J E A N E L R R
M L T L M C O B T I F I A W
U I R T I R Y L S E N N C I
S H I S N E C E J L N G Y L
I C C A E E E U N D I U R D
C A K C U L V M T R S K K E
O T F I W S N A H T A N O J
P E A T B O G S Y A W L A G
X E M E R A L D I S L E B C
L E P R E C H A U N K N V X

Irish

P A S T S R U A S O N I D N
A N E H A B I T A T E E O A
M O C S D E A T H R R E D M
B I O L O G Y R A E A S O U
P T L E N M E R G I C A U H
L U O V R A I N F O R E S T
A L G R T R A E P P A S I D
N O Y E Y D U T S O L I M H
T V N S N N U G R L S D S U
S E G E N E P O O L L C I N
D S U R V I V E T U I H N T
L X S P E C I E S T S A A I
V H I S T O R Y E I S N G N
H T O M M A M N C O O G R G
S C I E N C E V N N F E O Y
K D E N O G S L A M I N A B

Extinction

G A M E C L O C K S T B H O
E B Y E K F F P C N E I S O
W L Z Y W A O E O O C G I V
A O B B N S R R L I H M W E
L C R B O T W I C T N A S R
L K B H I B A M T U I N C T
E T A G T R R E O T C U O I
Y O N N A E D T H I A P R M
O H K I L A E E S T L A E E
O S S L O K S R L S F N B K
P P H E I P N S F B O D O E
O M O V V G E H I U U D A E
O U T A E U F E C S L O R P
H J R R N A F V R N T W D E
P O S T A R O C J H E N D R
L F I E L D G O A L T B E S

Basketball Game

Q P B G L O D A R P A S H T
R Y H L E N I L N O O F H E
E L G O O G G H T N L S C N
T W E B N R I P A E Y S R A
U S Y A W E T A G T R E A P
O N G L W H A R D W A R E R
R E O U W P L G C O T D S A
U T L I I O G E E R I D E L
H S O S T G O L R K L A R I
E C N E W C R E N S I U M N
M A H G S R E T U P M O C K
O P C D M A I N F R A M E S
D E E I N T E R N E T F L L
E D T R L O C O T O R P P F
M C A B L E S T E K C A P S
U F L I A M E T S Y S S A H

Internet History

R M S A V I N G P V S N I B
E R E M U S N O C A N S O G
U C D T S E L I T X E T N N
S C O S A L V A G E T I E Y
E O N L U L P S I L T E G V
R M Y T L L S H E R R R N X
L P I G A E S S O G E S I A
A O R N O A C S S N N T G L
N S E E R L E T E F I E A U
D T S T T G O W I M A E K M
F H O A A N S C R O T L C I
I T U B L P E E E N N C A N
L R R X A G D C T E O Y P U
L A C P Q U Z U T Y C C I M
G E E S C I T S A L P E R T
R R S E C A R D B O A R D S

Recyclable

B H I H L H C G X M S L Y G
W A V Y S U U N L Z O E C R
I P L A C S H A V I N G T O
G G W D K E R A T I N F H W
S V K Z X D E O C N O T G T
G S Z C A N B U S S W N I H
N H J E A O R G N S I O A V
O O H L D L A U E T I I R P
L R I Y Y B B H T L R C T B
C T E T A N S U T C O O S D
F H S S I A C E U G A M T D
Q T L I L D X T Q R A B E B
E G O E M T N E N A M R E P
X N Y O U R Y O D Y E K I Y
P E I R R S E L C I L L O F
D L E F L B U D M A C T Q U

Hair

X J N O N F L Y I N G B O F
T S R E L L E P O R P K D E
G E Y E N E N A L P R I A L
Q L V O T G T E K C O R I E
B W I I T P I R O T O M R C
A P I D S C O N S T R U C T
L A I N E N T C E R M Y R R
S S A L G R E B I F O B A I
A S A V O S N P T L D B F C
W E I L O T E E X I E O T A
O M I N I A T U R E L H V T
O B U I L D I N G D S T E J
D L I A T O F U S E L A G E
Z Y R A T I L I M T N I A P
S C A L E M A O F L I G H T
K I T S T R A P L A S T I C

Model Aircraft

A I H W E C B W L D W S C P
L L I R G S A L O C M B C A
S E B R W S P T T I P A R K
B A A E O C H U C I D B B G
F C C R M O A E C H U A S C
Y O H S B A D K L O E R R F
A R I I R R L T E T B E F I
B N S L C E E F U D E K S R
B E E R S K W A N O S R N E
Q D V C N O E E D G K F U L
P A I A I N M N K S A O B O
L Q L D K N G R D S E N O O
S B O K P R C I E C T M T C
Y L I M A F K I U H S E A S
I T I S N C V A P I T A R G
X K S Z V V S G N O T T A N

Picnic

M Y W J B U J O T R I C K T
E K J A U F R E G A W M S D
L A O M R H O N I S A C B J
D C K X E D I I N Y M M U R
E E E A L Y P I N O C H L E
C S R A A F A M I L Y T C L
K T S L E T M G S D N A H F
S I P D D O N G U M N T J F
L U L G N I L B M A G G L U
Q S A E T O R L S I I O F H
S U Y T W U M T W D B F R S
W D E F L K A A F R U I E P
K B R E R I A T I L O S K A
A N S A N N T D B D D H O D
T A E H C G G U C J Y S P E
L W I N N E R H C U E R G S

Play a Card

C R E S E A R C H D O O F L
S O L A R P A N E L S O N E
W N S S C I E N C E P L O V
M E O H T J N O T L A L I A
S G I O U A Q I H S C O T R
P Y M G M T L T T R E P A T
A X P N H L T A R E S A I H
C O U C E T H L A D T T D G
E R U T U F L L E N A M A I
S P A C E E L E V A T O R L
H S E B O R P T S L I S D F
I G A L A X Y S N S O P E E
P M I S S I O N S U N H E C
Y F A S T E R O I D S E P A
Y G O L O N H C E T V R S P
M A R S P A C E R A C E T S

Interplanetary Travel

B R E T T F A V R E P A D S
N B B A R R Y S A N D E R S
N N O T Y A P R E T L A W S
A O J O H N N Y U N I T A S
M E S E I T U L F G U O D R
S N S R L A O G D L E I F E
I I N T E R C E P T I O N Y
E L W P L K I C K I N G O A
H L O U B E C N U G T O H S
T A D N M N W I S H B O N E
E O Q T U T E N D Z O N E L
O G C C F O K T A C K L E A
J S R E D N A S N O I E D G
A W A H S D A R B Y R R E T
U G N I N N A M N O T Y E P
S H T I D E R E M N O D G N

Football

V H W O S M I T H G N U O Y
P O W E L L M N O S T A W Y
O W M F R R M S A X Q L S W
S A O E E U W N R C S F E I
J R E T R A C I N C R L Y L
D D S P L H V L O L E O A L
J O H K E E K L T A G R H I
F Y E Z R R E O L R O E E A
X R H A E M R C I K R S N M
W S A K A N J Y M N R D D S
Z N R N G O N Z A L E Z E T
T A R R H S L N H R P S R E
P V I N W L D X S D O I S W
A E S D A E R O O M O V O A
Y O O H Z N N Q G M C A N R
N O S L I W R I G H T D P T

Last Names

T S I R W Z N I H S E O T R
O P L A C S U G A H P O S E
O H T A O R H T P A L M G D
T G S Z R E C H I N A I N D
H I E E U G N O T M D A O A
Y H H B M N C R M R L O A L
M T C R E I H A O G L P R B
U C O E F F R C D B P A O L
S B L V J Y L I V E L N S L
G R O I G A O C N U E E H A
L A N L N R N D G S I R O G
A I A I Y E I U J R E V U N
N N P H E X J C E H E E L A
D S T L M O U T H Y N S D I
H I P A N C R E A S K N E L
G S S D N A L G T O V A R Y

Body Parts

G N I N I A R T U O K R O W
Y S E E F B A R B E L L S E
M E M B E R S H I P O O C F
N N W E L L N E S S E K I B
A I E O L G E L C S U M B T
S H I I I N S T R U C T O R
I C G D P I L A T E S F R E
U A H R T M L C O L E F E A
M M T A I M E B Q C S F A D
M T S C C I B X L Y S A F M
A G O Y A W B S E C A C I I
E P O O L S M N P R L I T L
T N E M P I U Q E O C L N L
S V M Y G S D L O G R I E S
A N U A S R E N I A R T S N
D M H E A L T H A C M Y S E

Health Club

S M H M J W I R E L E S S Z
C P O C K A E R B L I A J T
R R P B U I N T E R N E T E
E E Y A I O S C P O T P A L
E T A S Y L T Y R E T T A B
N U L I G R E I E O I D U A
O P P N O A V P T C M S P T
E M S N L L E O M L I V A R
D O I O O U J D W N U V T O
I C D V N P O B E I S M E P
V I M A H O B S B R K D G D
I S O T C P S C Z A O E D G
F U V I E R A W T F O S A A
I M I O T M E D I A B I G M
W A E N O H P I C S E G O E
B M S O T O H P I T U N E S

iPad

K L L O R P O R D P O T S M
M K S C H O O L Z O N E T R
C E C R P A R E N T H N H A
R S T O P S I G N T R U G L
O E L S L L S R O U T G I A
S A C S Y I I L B H S F L E
S T S I G S C F G A E I C R
W B D N F T Y I E J G R I I
A E A G H F L D A G O S F F
L L P G A H O C D T U T F R
K T I U S L K E C U E A A E
T R P A X E E O C A B I R D
B Y L R T M D R C I E D T D
G F W D G N I H T O L C S A
S M O K E D E T E C T O R L
S I R E N R E L K N I R P S

Safety First

E C N E T N E S H E R I F F
D Y N V L E G A L U F M T R
X E B I G D E C I S I O N G
A N F D S T C A R T N O C S
E R L E T N E D E C E R P C
L O I N N J U D G E S T E H
P T V C T D E L U I K R T O
R T I E O L A S L V O U U O
I A C G R F A N A I O O T L
S S E N T I W N T C B C A A
O O A J U D I C I A R Y T W
N C A Y E C O N O M I C S Y
B I X L P L A I N T I F F E
L E C I T S U J R E D R O R
S T H G I R P O L I T I C S
P Y T L I U G A V E L I A B

Law

E Z F R H Y E N A S P B U C
X D M B E C L E C N I R P I
T E L M A H C I T B L O H K
T G I N O I T A M I N A P I
A I F B S L Z A O A D D E F
M L M S A D K N F V F W L A
S L A O F R S I E X O A G R
A L Y N N E A N N H L Y N C
C A J G X N T S S G S E U C
I C G S O U T L A N D S J Y
R I W A R T H O G E V O L R
F S Y E N S I D P L Y O M O
A U I E I V O M E E R K A T
Z M X M S C A R T O O N I S
Z A Z U B T H E A T E R U T
M U F A S A A B M U P L A Y

The Lion King

C G N I M M I W S A L O N H
O G N P T A H T B O O T H S
P O V I T A M I N D T C U T
P H K K H E A L T H L E V B
E S H N O T O Y G S E T R I
R K R E T M A I T S S O A K
T T O E G K L B T U N R Y I
O R L R B N A O N Z A P S N
N E O C U G B G E U R E B I
E M C S I O L R X Q S R B P
L M U N E A R I P A L E K W
K U G U S R A N O I T O L P
N S I S P F J S S Y C K L K
I N E N R U B N U S B W R F
R S S E L K C E R F Q A U P
W L G N I X A L E R D R B S

Get Some Sun

A G Q L O V E L T T A E S Y
C T U T S R A C S O T H A A
T W I M Y A P E Z R E S G R
I E B R P T R F S D R A W A
N I L O G R I E U Y M L O T
G L L E O R O R H N I P O S
C L C F V T E D B T N S D Y
O H I A A I M E U E A Y Y M
M O A T S M S O N C L F D D
E L O R N T O I V M E E I F
D L O I A E A U O I I R C I
I Y L C Z C L W S N E L P L
A W T H W P T A A C C S E M
N O D R A G N E T Y I I P A
R O T O Y S T O R Y O M N L
A D S N A Y R G E M V N M L

Tom Hanks

L E N A P T A L F V I D E O
A I I N S T R U C T I O N S
M W N K T E C H N O L O G Y
I F M F L P O T P A L H C S
N N Y T R A N R D O P I E R
I M N F B A T T E R Y C L E
A B U O A L R E N U T K L T
T P L S V P A E I P B E U U
U O P U I A P C D K C Y L P
R R I L E C T A K T L Z A M
E T I H I T I I R B O A R O
C A M E R A O O O A E Y W C
M B D V D L N O H N T R S G
S L E E K I S C T P K U R A
D E V I C E S P E H O G S Y
P L A S M A L L G S K E E G

Cool Gadgets

D R A P P O T S M O T E E T
R P D N L Y P E O W S Y M B
A O B E A L A L T I X E O N
W T D U D R U B N R E P N T
O S E N I U L I M Y R O C V
C S V O V B S C A D S J M D
L U O G E Y O U R A U C Q R
E B L I R L R R T L P I S A
O E E A O R V C I R I N N P
N T G S G U I E N I D C I E
A R A S S H N H S A E I S H
E A V S I E O T H F O P S S
G Y A I W V X T O Y T U A M
K A S M A M E L R M L K S A
I L A T U R I S T A H G S S
L R E L L I M R U H T R A A

Broadway Stage

F R L A I M O N Y L O P D Q
E I O L A I M O N I B I G D
P A N Y R T E M M Y S A R E
O P G S C A L A R C R E E N
W D D O M A I N O O B C A O
E E I X X V B N T M C O T M
R R V F Q I T A U E C F E I
S E I N F I R N N T I A R N
E D S P N E N T A X G C T A
R R I U M E R G A I O T H T
I O O U V I O E X M L O A O
E U N E C N L I N E A R N R
S E V I T U B I R T S I D M
L K T I N E Q U A L I T Y E
C Y B R E C I P R O C A L A
Y R T E M O N O G I R T L N

Mathemagical

T O T E M L E H Z W M O D N
L P L Z D Y G U U U E I C B
O O E G N I R E V O C B R V
G S F T A H Y O B W O C H B
U T U R B A N Y S W Z E A O
C G J F T R D N L S P S R N
Z A Y D A D H E A D E E Z S
G U P E E H R P R B R C V T
S X C S W A G Y A B I U C R
F H R I S T N L M I Y K W A
T O O G E C L O T H I N G W
E O W N L F S E I N A E B H
R D N U Y T T O P H A T H A
E O A S T S T A V I S O R T
B W T H S V P A N A M A L U
O J P A S D F A R O D E F W

Hats Off

K J S R E A M E J D O O W J
N O J T E N V E L O P E G T
I A O P A P E R M I L L N B
T M U B A T A F T Z P C I O
H O R Q E P I P I R R Y T O
G N N J S T Y O S B E C N K
I E A G O R O R N W E E I S
E Y L N L E E N U E E R A G
W S S I U U P P R S R N P N
R S E G L S T F A S D Y N I
I O G A L S D R E P R W O P
T L A K E I K N A C L I B P
I G P C C T I P U L P L R A
N S G A B L E T T E R S A R
G N E P P R I N T I N G C W
N W H I T E E H S N I H T D

Paper

A H K R S A R U B M A T J L
N N P E A N I L O D N A M Q
M H R E H T I Z E E R R V G
Z R C S S O I K M N U U G G
S A E I M F C U A W B D B V
Q T L M R U R T G C N N V D
A I L C I T S U O C A A N C
W S O F S C C I N B T P G N
J V E N H U L E C Q A T I J
S P I O K B D U L A P S U D
Y L R O N A I P D E L K S C
A D T A L R V E B Y U T E N
I O S J H I W A R L C F T K
V V R O R O N E E M K E U G
R E B A B J Z L R Z E B L Q
Y S N G O I E E L D D I F I

String Instruments

D H S U G A R E T I L S C V
O R A N G E I C E D T E A P
W P U R Y S N R O C G P C U
S E B Y T G P E X A P O T N
R P O T E I D R R N K P I E
O S T R R N F E I E I A S V
V I T E E G V I N T T D O E
A Y L P E E P A C N E O P S
L Z E P B R U D U I A S E E
F Z D E T A N O B R A C D L
A I R P O L F S S S A L G B
N F I R O E W M J U I C E B
T G N D R E D A N O M E L U
A H K R E F R E S H I N G B
W A R T S E I R O L A C B A
E N I E F F A C E P A R G T

Soft Drinks

G T S E I T I U N N A W D H
N N R U T E R F O E T A R R
I Y I E S I C R E X E L A P
K T T K A E G K Q H H L O M
N I S I A S R N U K L S B J
A L U B D T U U I Y M T G U
B I T U V O T R T G T R I N
D T C L I C M I Y A D E B K
A A E L S K N M F B M E E B
Y L P M O R W Z O O I T H O
T O S A R A M E X C R L T N
R V O R S T E M M U L P L D
A A R K F I X E D R A T E S
D L P E N N Y S T O C K S P
E U N T E G A R T I B R A U
R E A L E S T A T E S S A T

Investments

W D G U B R T H F Z X N Q E
D E Z O L Y H E T P E Z G Y
H T M C O N T E N T X A A V
S E M A G G M N W R P B U I
M S O C I A L O I E E L Y S
U S K N I L R E M A R T R I
R E K S M K D O C U M E N T
O G N S G S H S P L T O F I
F A C E B O O K S U I U D O
H M K N I L R E P Y H C N Q
C I R I U D G M D S K L K D
R D E S A A O H S I I W E P
A K V U P C A O W N V S W S
E F R B R O W S E R I W I G
S S E R D D A T N G W T G Y
J W S S P L A I N T E X T E

On the Web

H S C R E W D R I V E R T Z
W H I S K E Y S O U R E E B
H C Y R A M Y D O O L B T L
I I H E I N I T R A M O E U
T N A I S S U R K C A L B E
E O E N Y R E D I C P D E L
R T M R O Y E Z C M K F N A
U D A A R B Z T E I F A I G
S N I M N I R T T O R S W O
S A T D F D Y U C I O H D O
I N A N A E J H O U B I E N
A I I A L E S E Z B R O L V
N G O R G I M O R A O N L O
M V I G R S H E R R Y E U D
Z H H I G H B A L L Y D M K
S C O S M O P O L I T A N A

Drinks

M E T I L L E T A S B C L B
O L R E T R A H C W L A A C
V I Y L L I B R T N T S M B
I N F S A E D E P I I K U N
E E E W I V V D G C M R I S
S U E E X I Y I M T V O M M
E P S N A S D V S D B W E S
R R H O O N E O I I R T R E
V O O Z C E M R H S O E P T
I G W I I P O P L C A N S O
C R T R N X C E C O D O P M
E A I E E E N F B V C I O E
F M M V M N O W B E A T R R
A S E G A K C A P R S A T F
T B S H X O B H R Y T T S O
Z Z C O M C A S T N P S E X

Cable Television

T S T E L P I R T P R U B S
N T P U T I P S Y O T L P R
A R E L A T I V E S A A B E
F O D A D V I C E N H U C P
N L I M E B K T K M N G E A
I L A A P S O E A D B H R I
R E T M E G T U L E A T A D
E R R R N N I E N E S E C F
D E I I D I U G L C S R Y Y
W H C A A L E T G R I N A R
O T I H N B T T R L N N D C
P O A C T I V I T I E S G P
O M N H L S G N I H T E E T
G O O G O O B E H A V I O R
P A C I F I E R B O O B O O
J S O H T O D D L E R E J N

Having a Baby

A D A V E N D N A L Y R A M
A T O K A D H T U O S S N I
O I C O L O R A D O N A A S
J H N E W J E R S E Y D I S
W S A A Z E B D W N C P S O
A A K D V T E M O X P M I U
K S S C I L E S M I I N U R
S N A H A X Y I S C H S O I
A A L W I L N S H E A O L Y
R K A C H N I I N X N L O K
B R O A E S G F E N I N R C
E A T S S A Z T O N E U E U
N U O I N E W Y O R K P G T
I T M H A W A I I N N L O N
A W O I W I S C O N S I N E
M J R X X O K L A H O M A K

States

L R Y P H Y S I C S C H B F
I W O R K D I R E C T I O N
Q I S N O I T A U Q E R D L
U S N G D E E P S L C Z I A
I E V A Y O H W I E H S E W
D L K L I G H T S V N C S S
S C E I R N C P C M O I Y C
H I P L Y E O A U S L N T I
A T L E J S L T S V O A I M
I R E O I C N A W I G H V A
T A R T U E M I T E Y C A N
R P I L M M A C H I N E R Y
E O U O X M A T H U V M G D
N S M O T A G A L A X I E S
I S T U D Y V E L O C I T Y
A C I T E N I K E N E R G Y

Classical Mechanics

D I U Q S F G C R A B S N E
A D E E W A E S I O P R O P
S E A O T T E R S H M A M K
E E N I R A M B U S I I L R
G G U L L A A A P I R V A A
N G T I R C K B O F H A S H
O S O L T E C A T D S C N S
P N I E C T A L C R O L O M
S N R O K A B O O O Y A E O
C I R R L C P N L W S H G L
A A I G L E M E G S T W R L
L L A A P A U D I V E R U U
L E M O C N H S I F R A T S
O S D E T R I T U S S N S K
P S U L I T U A N E E L A B
S M O T A I D O L P H I N N

Marine Wildlife

J L E G A L X E L P M O C H
U N I T S A T N A N E T W S
B T A R O T A V E L E N E E
E U A P F N R B G S C E I L
G Y I L A E L U E O O D V L
A N T L F R E I C P M I Z O
G H I I D Q T S S T M S W O
T A I L C I S M R O U E S P
R L D B L O N O E W N R N R
O L I I O E N G N N I A E O
M W C S R A W D W H T H I P
L A N D L O R D O O Y S G E
F Y E S A E L D E U L E H R
M S W A L Y B F M S O M B T
P I H S R E N W O E F I O Y
O V G N I S U O H B T T R S

Condominium

R L I G H T Y E A R D F S V
Y R O T C A R F E R R R T A
T E L E S C O P E D A A O C
U D E E P S T H G I L W P U
E L O H K C A L B O L D S U
S C S C V A V O N R E E N M
E O O N L I R V G E T T U I
M M L U O R E D T T S I S L
P E A A A R S W V S R H S K
T T R L R I B K F A E W P Y
I E W D U F O I T I T D A W
N O I T A L L E T S N O C A
E R N O O M N A A H I D E Y
S D D Q U A S A R E L P E K
S S C O L A I T S E L E C R
N C O P E R N I C U S U R F

Look at the Stars

T R A M K E R U T I N R U F
N T J C O R E L I A T E R R
B O S H O P P I N G S D R O
G Y S I B S G T I D E R C E
O S E C H R N S F P H O T B
L E N A S E I E A E O L O U
A C I G I W H R P C U I W C
T N S O W O T O A I S A E K
A A U T O M O T I V E M R B
C I B L E N L S N R W A A E
H L D N F W C U T E A L W D
A P T R I A P E R S R L D D
I P S E I L P P U S E S R I
N A S O H C R A F T S M A N
J E W E L R Y S A L E S H G
S L O O T E R O M N E K D N

Sears

Y P F S A U G E R T I E S T
T E O S B L O O M S B U R G
I V L R I U N I O N T O W N
C Y E L T A N T O D L O S O
E H H W A F E O Z G L G W T
G E C E S V O D T Q Y I G G
D M O S P S A U I R L D R N
I P D T R I N L R S E A A I
R S R M I L Z O O C D H F H
B T O I N V I N S T H O T S
A E F N G E C T K R R O O A
L A L S S R N Y D A E O N W
D D I T E C A N A A N I P Q
W D M E K I C A R E N C R O
I I K R S T O N E W A L L F
N S N A E Y E L L I V N A D

Little Towns

E G A S U A S E O T A T O P
P E S E N G O L O B R A G G
A A T N E L O P S A A N T E
N O O O T S E P D L O T I L
I L M R R B L I F C B I R A
N I A T A T T R C E H P A T
I V T S I I E H L T A A M O
T E O E O D I L N I L S I R
T O S N O V P A L L D T S E
E I A I K E R O E I E O U G
H L U M P U I R U S N K W A
G S C P A V A R I A T I O N
A B E T A Z E S P R E S S O
P R S R Z A N G A S A L K B
S E K O H C I T R A Z Z I P
R H M A T T O C I R V E A L

Italian Food

S P E C I A L X H G S O U S
Y R T N A P R O N N Y F K G
Y R T S A P E L L I R G B T
S O R D E R N V E K A B O M
K I T C H E N S E O N P V M
I T R F A N I R V O I W E T
L E E L T T D E I C L N N M
L E S I U I Y S T B U R N R
E R S N N C S T U G C G P C
D A E E I E E A C N R C L S
I P D C F F V U E I E U A M
S E L O O R I R X N A I T B
H R R O R E N A E I T S I O
E P D K M N K N K A E I N E
S A L A D C A T E R I N G H
S L E T O H M E A T H E A D

Professional Chef

A K D N O I T A R O L P X E
T E X P E N S I V E U T X W
M R E T I P U J S S N P M W
O M A G F U T U R E A A T V
S E R N K A O A M N R S E N
P T O G S H M E S G O N O O
H S C E N P L I O L U I T I
E Y K E D T O R A S T N E T
R S E L T N P R D A P O C A
E R T E O E E I T M O I H T
G A S O C N O S I A S T N I
A L M A E R E T A W T A O B
L O P R E C O L O N Y I L A
A S G T A H U M A N S D O H
X Y S P A C E S H I P A G N
Y A S T R O N A U T S R Y G

Space Colonization

F N X D O L L S A A S N B Z
R I Y Z G D L N U I E Z F U
I S R Y D L W Y A R R N O G
S E R L A A N T F A R M N J
B L A B S E R U G I F S W P
E B E M T O Y C A R S T H V
E R B E R N K K Z C B U I K
L A Y S H E C N X R L F S F
Z M D S F W I X L A O F T S
Z D D A M K T F H F C E L K
U K E N B J S O X T K D E C
P S T E A B O M H D S V S U
N S W C R P G F L H E W C R
U P K A B Y O T R E K N I T
M S T T I C P O T J G T T N
B Z N F E M A G B F X O N I

Fun for Kids

B S K L L A V E R N A A O X
J X A R O R U A R E S I R A
O A J S U T R I V I A X E B
U P N U N E P T U N E N T U
E Z S U P M S U L A T I S C
T E I R S I J R E F I C U L
A P P I A S T A S S A R A L
C H K N E M E E O U T A P A
E Y N E R G A L R I T R E R
H R R H O V A N U T R O F E
M I U I B R O S A C L L N B
S E T P E L E N N U R F Y I
R F A P L U E O S U N E V L
O G S O A H V E S T A H H N
M E P N T L U W W H V F P H
H A X A F E R E N T I N A U

Mythology

P E O P L E L A N O I T A N
B R S T G O L D R O C E R A
O U N C N O I T U L O V E R
O T O T I E V E N T S J L R
K L S N N T M U E S U M I A
S U S E R A I N Y P O H G T
G C E I A W G L R D Q I I I
N I L C E D M E O E U S O V
I V N N L P H Y S P V T N E
K I N A C I R E M A P O S W
C L A S S A S M Y S E R G E
I W R T T C O U N T R I E S
N A O I H D T I M E I A R T
W R L O E G D E L W O N K E
Y I O R J G W O R L D S R R
M L N X S T O R I E S A G N

History

J G L L E S S U R K C A J Q
S R E I R R E T X O F A B K
R E Z U A N H C S G W O H C
B A L A S K A N H U S K Y E
G T E S E T L A M T R B S D
N D N A L D N U O F W E N B
D A C H S H U N D P G U U L
P N K I O J T Q O N O L I O
O E H U X E P M I H L G G O
O L N E R O E K T T U M R D
D D M R I R E E E P M N O H
L E I N A P S R E K C O C O
E E T N P S R S H I H T Z U
R E I W A I R E D A L E Q N
R A O B E S T B E R N A R D
N K B R E T T E S H S I R I

Doggies

E S R E V I N U C L E A R W
M U D C X T H E O R Y M D R
A L I G H T Y T I C O L E V
S U X P A R T I C L E S E S
S C I E N T I S T U D Y P K
N L P Y T I V A R G A S S R
O A H G S C I N A H C E M A
T C E M A T T E R U T A N U
W I N H C R A E S E R K S Q
E S O Y G O L O N H C E T U
N Y M S I T E N G A M I P A
E H E X P E R I M E N T E N
R P N I E T S N I E S R C T
G L A W S E L E C T R O N U
Y N O I T O M U T N E M O M
S M O T A F O R M U L A C E

Physics Class

A Y R B D R A O B Y R O T S
S R E O B O X O F F I C E
S E N M E T C S A R T X E
I T N B Q A S C C T O L P
S N U X G R T A C E S B Q
T E R D N E U R O C P L S
A P R O I P N E U H I O C
N R O L T O T L N N R C H
T A O L R M M E T I G K E
S C L Y O O A A A C Y B D
C T F G P O N S N I E U U
I P P R P B E E T A K S L
T I R I U Y R D M N G T E
I R O P S L E A D S M E S
R C P S G N I T E E M R R
C S S R E S S E R D R I A H

Movie Makers

O G L E E H N V I R G I L D
N R L S R R E M O H R S U H
X E E Y A S S R N E U A T E
G B W L E G B O E D B M J R
A S O V P N I B K M D O T M
R N L I S I K E I U N H O A
C I T A E M I R A N A T I N
I G R P K M R T D D S N L N
A N E L A U N F A S L A E H
L E B A H C E R R P R L S E
O L O T S E H O N E A Y T S
R L R H T E L S O N C D I S
C A D I V O M T C S P X T E
A Q E R O O M T N E M E L C
N N I E T S E D U R T R E G
H A R T C R A N E C A R O H

Poets

Y H L Y S G Z B T H B F K Y
U G O L V R A G R O W L E O
P W R M A S E R I U Y O B N
H E I A E B S W D S S W E T
H D S B S T T E O E F E R F
K P A T C S H O E M N R M E
Y L Q E I V E R O D N S U R
L A S Q N C T S D F S W D T
I N R S P R I N K L E R A I
I T S D O L C D W O R S C L
G I R R I G A T E G V K U I
G N I R E T A W I M I R T Z
R G I R H L A N D S C A P E
E G A W S H R U B S E P D R
E C L I O S I N N E T G Q L
N C S U M M E R W E E D K A

Lawns

T H T L A E H R M Y A C E D
S U R G E R Y O U T L Y D I
I S L S O M G O G R P A I N
T N S T N O I T N E V E R P
N W C P D P E C I A S H O O
E O A L I A N A S T E C U O
D R V A S T I N S M R A L I
C C I Q E I S A O E U H F W
N H T U A E T L L N T T D C
O A I E S N S I F T N O R L
I I E Z E T Z J V J E O I E
T R S I S O N G A I D T L A
A R A E F I L L I N G S L N
D F E X T R A C T I O N S I
E N I C I D E M O L A R I N
S E G D I R B R U S H I N G

Dentistry

M R E C E P T I O N W O G Y
P A B S L R I G R E W O L F
R B T R E E V I S N E P X E
I R L R I S L C A N D L E S
E I A E I D S I O E D I V W
S D W H P M A E E R I N G S
T E E T H A O L R V N V X W
N S D A O T P N P D G I L M
E M D F T U C O Y A D T L I
M A I D O F H O N O R A A N
E I N C G A A M D D E T H I
G D G E R M P Y A E S I Y S
A S C V A I E E I X S O T T
G W A E P L L N S U I N I E
N O K N H Y O O L T K S C R
E V E T S R E H E A R S A L

Getting Married

S E L L I N G N I P P O H S
P R O F I T N U O C S I D T
D U Y R E V I L E D E M B E
D E S E S A H C R U P O U L
R C P C U S T O M E R S Y T
S R M A K M O N E Y W W E U
G E A V R E L S C W H W R O
N M R Q S T C U D O R P S P
I M K V E I M M L Z H Y B R
Y O E S I T R E V D A O E I
U C T T S C S R N L U G W C
B R I O A A E S P T A K A I
L E N R L B U S I N E S S N
L D G E E R I Q A S D O O G
A I R S S D U M A I L I U L
M T A C H E C K O U T K Q S

Retailing

L E E T S Y V E M A S T E R
Q N C C P A D L O C K C I F
D T M A G N E T I C E E R I
O R R E D N I L Y C Y T E D
O Y C L H T I M S K C O L K
R C G K C O L N I P A R B E
L A C I N A H C E M R P M Y
O V G U D Y N R U T D D U C
C I N O R T C E L E S R T O
K R I T O I T L O B D A E D
S P K E W R N C U P E U F E
A V C R S U E Y X G E G K S
F A I C S C V C B R G N Y O
E U P E A E E I M E T A L L
T L M S P S R B A R L U G C
Y T H I E F P E D E V I C E

Lock Up

S S L O O T D N A H P F B P
R E T T U C E P I P L E U L
O B G N I M A R F O B P N I
I S I D I N G R O O O T G N
R C V T E R J R D T U S A O
E E L E S T P A R O T F L L
T G M E N L H E R C G Y O E
N N S I A T T G U N Q S W U
I I I N R N I D I L H H R M
P R L T U P U L C A B E E L
L O I O G N I P A T R E W L
A O C W R E N C H T H T E A
S L O G C A B I N T I R S W
T F N C O N T R A C T O R Y
E O E P H I L L I P S C N R
R G N I H C T A P A B K S D

New Construction

R L U S R E G N E V A E H T
O L L A W N I L R E B A C U
B O B D Y L A N C X I I N S
E R T A B W I O M G V O M O
R D I J C X L L H I S O T N
T N E N O O O T L N D H S N
K A D N G C A R A R E E G Y
E K Y Y L S I M U B A Z I A
N C E A H G S G E S K X P N
N O M B H E C A Y B E Z F D
E R U T L U C R E T N U O C
D R S R L H I P P I E S Y H
Y U A T B D R A W I T N A E
Y H U O E V E N H Z E R B R
C R Y R A E L Y H T O M I T
E S A N F R A N C I S C O P

Remember the '60s

Y Y G O L A E N E G W W E X
J X N G Y M O N O R T S A Q
I N I N R E A D I N G T F H
C W N I N O C G N I W A R D
A O E D K I T E F L Y I N G
M O D E L B U I L D I N G N
P D R E C H G Y G Y T E N I
I C A F O I N Y N R E D I K
N A G D M K I R I E H G K R
G R N R I I D T T D C L A O
A V I I C N R E N I O A M W
I I K B B G I O I O R S L D
G N I K O O B P A R C S L O
A G B D O E A U P B K G O O
Z G N I K O O C X M C K D W
D I T B S G N I L E V A R T

Hobbies

E C N O C S H A D O W L L S
W R S F C A N D L E S Z A B
O E U P L V I E W P L G R L
L T H T M O R O O D N I U U
G A Z C X A O T D I M N T B
L N T L T I L D R E B O A J
P I E H A I F I L A M E N T
O M G G G I W E E I D N N H
K U A H A I C S G T G T R A
C L T L T T R I Y H D H E L
A L N D R B S B F G Y G T O
R I E I O O U C E I L I N G
T C C N K O O L C L T N A E
K A C R U D R L B Y U R L N
L R A L O S E E F A T T A W
U D R E C E S S E D W O H S

Lighting

D E T I M I L Q G O L D U M
O C R B T S E R O F N I A R
C O P P E R E G P S D N A L
E L B A W E N E R E A R T H
I O E U N I T E F G H S I F
B G G C N R V S E P T N P A
N Y O I O I M M K S K A R Q
S A M L R S E D E C F T O S
L T E R I N Y R I A O U T O
A U H A T M O S P H E R E I
M W E G X F C Y T F Z E C L
I A N O I T E L P E D G T S
N T E W W L A K E S M A I O
A E R O M I N E R A L S O L
T R G O H S S U D N I W N A
V G Y D J F O S S I L V E R

Natural Resources

R M E T R O F L A M E N C O
E E R U T A N G I S E M I T
C A T L K C O R E L B E R T
I S E S M C F I N A L E I E
T U T U A O L N F R K H O S
A R R R R M A T D T E K D L
L E A O C P T E E S Y E N A
R Y U H H A N R V E S C E F
E N Q C I N E V E H I N C E
G O Q E N I M A L C G A S R
G M U T G M U L O R N N E M
A R I U B E R E P O A O R A
E A N D A N T E M G T S C T
D H T E N T S T E R U S R A
C L E F D R N U N A R I A M
M H T Y H R I T T L E D P L

Musical Words

F F U L B S T T O C S L N Q
E O L L A H T R O F I F J R
T R R N E X O R S A R O P E
A T R T G D R E R E C R L V
G B E B V I T T M H A T A I
S O V E D A N O I R M L T R
L I I O R O N M G E P A T T
I S R G G T N C S D A R E N
V E I E N E Y R O B C A R R
E M R R Y K O R I U K M I U
D O U R A H J T A T V I V B
G L O N E P I N E T R E E D
C C S P R A I R I E I J R U
K A S I N D I A N S Y L A N
S N I A L P T A E R G Q O G
B U M O U N T A I N M E N S

Pioneer Life

H R E E S O R P O E T S N E
S E N I L I M E R I C K U P
P T O S E C N A M O R W W I
W E T C O B A L L A D R R C
F M E I F D E L I M I S I S
S E S R E V E E R F S B T T
P A E Y U C E S S T M E I O
R S S L T T G T H A C A N R
W S K I I E A G I S L U G Y
R O O M K N U R O F A T N L
H N O T Z O G N E E S I I D
Y A B A H U N S V T S F M R
T N S T K E A O V J I U Y A
H C X I T E L P U O C L H M
M E A N I N G N I D A E R A
T H S D R O W H I T M A N E

Poetic

160 SUPER-SIZED PUZZLES!

Packed with 160 puzzles in an easy-on-the-eyes format, this collection features crosswords in a wide variety of themes, including music, popular culture, books, TV characters, animals, films—and more! Whether you're a seasoned puzzle pro or picking up your pencil for the first time, *The Everything® Jumbo Book of Large-Print Crosswords* has something for everyone to enjoy!

The Everything® Jumbo Book of Large-Print Crosswords
978-1-5072-0916-5

adamsmedia
An Imprint of Simon & Schuster
A CBS COMPANY